Vie

de

S. Brieuc

SAINT-BRIEUC
René Prud'homme, Editeur
1897

VIE

DE

SAINT BRIEUC

A. DU BOIS DE LA VILLERABEL
Chanoine honoraire
Secrétaire Général de l'Evêché de Saint-Brieuc et Tréguier
Docteur en théologie — Docteur en Droit canonique

VIE
DE
SAINT BRIEUC

Premier Evêque et Fondateur

DE LA VILLE ET DU DIOCÈSE DE SAINT-BRIEUC

SAINT-BRIEUC
IMPRIMERIE-LIBRAIRIE-LITHOGRAPHIE RENÉ PRUD'HOMME
Imprimeur de S. G. Monseigneur l'Evêque
1897

LETTRE-PRÉFACE

DE

MONSEIGNEUR L'ÉVÊQUE DE SAINT-BRIEUC & TRÉGUIER

ÉVÊCHÉ
DE
Saint-Brieuc & Tréguier

Saint-Brieuc, le 17 Février 1897.

MON CHER SECRÉTAIRE GÉNÉRAL,

Depuis le jour où j'ai entrepris de rendre à saint Brieuc, notre principal patron et notre père dans la foi, l'honneur, le culte et le monument qui lui appartiennent, j'ai souhaité combler une autre lacune. Il manquait une biographie. Je vous ai prié de l'écrire, vous l'avez fait, très bien fait, et je vous en remercie.

La base de votre travail est le manuscrit de Rouen que Dom Plaine a publié et qui demeurera la source la plus sûre et la plus féconde de renseignements sur notre saint, malgré des interpolations manifestes.

En présentant au public ce précieux manuscrit, le savant

*Bénédictin l'a enrichi de commentaires dont j'ai retrouvé la trace dans votre travail. Vous n'avez pas cru pouvoir le suivre dans son opinion sur la patrie de saint Brieuc, vous avez eu raison cependant de ne pas vous montrer trop affirmatif, en adoptant l'interprétation de Dom Lobineau et de l'illustre auteur de l'*Histoire de Bretagne *dont le premier volume vient de paraître. A défaut de documents précis, les traditions irlandaises méritent des égards d'autant plus grands qu'elles ont pris place dans les calendriers et martyrologes de l'église de Cork.*

L'histoire de saint Brieuc se rattache étroitement à l'organisation même de la nationalité bretonne sur le territoire des anciens diocèses de Dol, Saint-Malo, Tréguier, Saint-Pol-de-Léon, Vannes et Quimper. En reconstituant la physionomie de cette période d'émigration et de colonisation, vous avez donné à cette VIE *un cadre historique, qui permet d'en mieux saisir la trame.*

L'influence de saint Germain d'Auxerre, son action religieuse sur la Grande-Bretagne, son intervention compatissante en faveur de l'Armorique dominent les premiers chapitres, et nous apparaissent comme un signe précurseur de l'alliance éternelle que la Bretagne contractera un jour avec la nation gauloise et le peuple franc.

Une ombre impénétrable plane sur la plus grande partie de la vie de saint Brieuc. C'est un vieillard que le flot conduit avec ses moines au bas de la Vallée-Double, autour de laquelle s'est bâtie la ville qui portera son nom. Ses rapports avec Rhigall, la construction et l'organisation de son monastère remplirent les dernières années de sa laborieuse et sainte existence.

Une récente brochure a rappelé le culte rendu pendant tout le Moyen-Age à saint Brieuc dans notre cathédrale et dans cette modeste chapelle que Marguerite de Clisson fit reconstruire au XVe siècle avec magnificence. Ces antiques traditions des siècles de foi renaissent de nos jours, les pèlerins reprennent le chemin de Notre-Dame de la Fontaine et de l'oratoire de Saint-Brieuc. Puisse votre travail si intéressant et si opportun favoriser ce mouvement de retour aux habitudes et aux traditions de nos pères. C'est votre désir et c'est aussi le mien. Je bénis donc le livre. Je désire qu'il entre dans toutes les familles et dans toutes les écoles chrétiennes. Quant à l'auteur, il sait qu'il peut compter sur ma reconnaissance et sur mon affection.

† *PIERRE-MARIE,*

Évêque de Saint-Brieuc et Tréguier.

PROLOGUE

En quittant le Martray bruyant et le centre de la ville, où roulent voitures et charrettes, le voyageur qui remonte vers le quartier Fardel, à Saint-Brieuc, rencontre de vieilles rues à pignons avancés dont il a bientôt franchi la côte rapide. Un calme relatif le pénètre déjà dans l'ascension de ces voies populeuses, car il approche du faubourg Notre-Dame. Dans quelques minutes il se trouvera aux pieds de ce mamelon couvert de champs à cultures intensives et couronné d'une statue de la Vierge, qu'on appelle le Tertre Buette.

Là, dans un replis du coteau, au bord de fraîches eaux, s'élève un modeste sanctuaire qui rappelle à l'âme d'un Breton et d'un chrétien les plus touchants souvenirs.

Que de fois, au temps où les Briochins avaient oublié le chemin de ce sanctuaire, nous en avons franchi le seuil pour nous agenouiller aux pieds de la statue de Notre-Dame de la Fontaine. Un jour crû pénétrait par les fenêtres irrégulières aux vitraux blancs ; les boiseries vieilles de cinquante ans à peine, avaient été mangées par l'humidité ; des tribunes ruineuses en formaient les étages successifs et, dans cette misère, le soin minutieux avec lequel l'autel était entretenu, faisait seul oublier l'impression d'amère mélancolie qui envahissait l'âme du pèlerin. Cette chapelle était pieuse cependant dans sa pauvreté, parce qu'au milieu du silence de ce quartier champêtre, des voix de lavandières ou des cris d'enfants en interrompaient à peine le silence mystérieux.

Quelques marches disjointes conduisaient au-dessous du chœur dans une crypte dont le pied enfonçait le plancher pourri. Sur un petit autel branlant, le regard, après s'être fait à l'obscurité, distinguait bientôt une curieuse albâtre représentant la crucifixion. Alors, sous cette voûte surbaissée, dans ce réduit obscur, où la lumière ne pénétrait que par une étroite fenêtre ouverte au-dessus de la fontaine, sous son baldaquin de pierre, nous évoquions en notre imagination les souvenirs que rappelait ce lieu saint.

En des temps encore enveloppés à nos yeux des ombres de la légende, nous entrevoyions la scène de l'arrivée d'un moine-évêque revêtu d'une peau de bête. Chassé, par l'invasion des barbares, de la terre de la patrie, il avait abordé avec ses frères sur nos côtes abandonnées par les Romains.

Les eaux limpides de la fontaine Orel l'avaient attiré et, pour en prendre possession, il avait dressé sur ses bords un autel à Marie dans un modeste et primitif oratoire construit de ses mains.

Là, pour la première fois, les Bretons avaient célébré le Saint-Sacrifice sur ce sol où la parole de Jésus-Christ avait peut-être retenti aux oreilles des Gallo-Romains, mais sans jeter parmi eux les bases durables d'une communauté chrétienne.

Là, aux origines de notre histoire, la foi de notre race s'était affirmée en s'occupant tout d'abord de consacrer à la Vierge un autel et un sanctuaire.

Là, sans doute, les derniers représentants d'une civilisation brillante, mais païenne, avaient incliné leurs fronts pour recevoir sur leurs têtes l'eau sainte du baptême qui, en renouvelant leurs âmes, préparait une ère de progrès moral et de relèvement.

Tant de grands souvenirs formaient un douloureux contraste avec les ruines qui nous entouraient et condamnaient éloquemment l'abandon lamentable dans lequel les chrétiens de Saint-Brieuc laissaient leur sanctuaire le plus vénérable. La plupart n'en connaissaient pas l'histoire et n'en soupçonnaient point l'existence. En passant par hasard dans la chapelle de Notre-Dame de la Fontaine, ils ne s'étaient pas glissés par l'escalier humide dans cet étroit oratoire, et il était devenu impossible aux prêtres eux-mêmes d'y célébrer les saints mystères.

Quelques amis du passé, dont l'un surtout nous initia de bonne heure au charme chrétien de ces traditions antiques, déploraient seuls cet oubli et maudissaient cette indifférence.

Frappé de l'éloquence émue de leurs paroles, nous écrivîmes un jour ces lignes (1) qui traduisaient leurs plaintes en un chant d'espérance, à l'occasion de la bénédiction d'une nouvelle statue de notre saint.

« La ville de Saint-Brieuc, oublieuse de son berceau, mais forte de la vie qu'elle y puisa, se développe, prospère et grandit; le nombre de ses enfants s'accroît sans cesse, et ses demeures marchent rapidement et à vue d'œil vers la mer qui ferme ses horizons; mais, tandis que ses larges artères vont porter la vie et le mouvement sur les plateaux où l'alouette jetait seule, sous le soleil et dans la nue, son *tire lire* monotone, l'activité féconde de la foi semble s'affaiblir dans les cœurs, une molle indifférence envahit les grands et le peuple, et les traditions chrétiennes du passé sont

(1) *Semaine Religieuse de Saint-Brieuc*, 27 mars 1891.

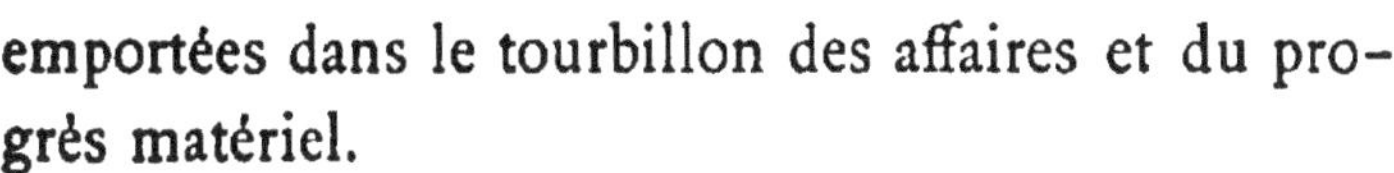

emportées dans le tourbillon des affaires et du progrès matériel.

« Pourtant la parole de nos saints livres reste toujours vraie : « Si le Seigneur n'édifie la demeure, « en vain travaillent ceux qui la construisent. » La foi reste toujours le grand besoin des peuples et la vraie source du bonheur social.

« Or, de même que l'homme épuisé par les luttes de la vie trouve au foyer paternel le repos et les forces dont il a besoin, ainsi le peuple de Saint-Brieuc puisera au foyer de sa foi la sève surnaturelle qui lui est nécessaire.

« Telle est du moins notre douce espérance.

« Il est revenu, notre saint, prendre possession de son premier abri pour y ramener les pèlerins et le peuple ; il apparaît maintenant au bord de cet escalier rapide qui conduit à son oratoire pour en apprendre de nouveau le chemin ; il dompta jadis les loups et les fauves de la forêt et les barbares débris des peuples armoricains ; son charme mystérieux n'est point amoindri et les prières jailliront d'elles-mêmes aux pieds de sa nouvelle statue.

« C'était justice qu'il revînt....

« Quand la chapelle de Notre-Dame de la Fontaine était encore en ruines, des vieillards de Saint-Brieuc venaient pleurer et prier sur ses débris, et ils y virent avec joie sortir de terre un nouveau sanctuaire. Les traditions de la piété ne disparaissent point en un jour et l'amour de saint Brieuc vit encore au fond du cœur de ses enfants ; il renaîtra aux pieds de la nouvelle et gracieuse statue et des reliques précieuses qui seront comme l'âme de ce corps de chêne ; il ravivera la foi que l'apôtre apporta jadis de sa patrie.

« Cette statue donnera une forme sensible à leur dévotion et restera dans notre ville le gage de la bienfaisante protection de celui qui veilla sur son berceau et ne veut point l'abandonner à l'âge de la virilité. »

L'année suivante, en 1892, une communication officielle ratifiait ce mouvement commencé le 25 mars par la bénédiction de la statue.

Dans son numéro du 10 avril 1891, disait-elle, la *Semaine religieuse,* après avoir parlé de la future restauration de la chapelle de Notre-Dame de la Fontaine, centre de la dévotion à saint Brieuc, s'exprimait en ces termes :

« Dimanche prochain, la solennité de la fête de saint Brieuc n'aura pas encore toute la splendeur qui lui est réservée : les circonstances n'ont pas encore permis de préparer cette résurrection d'un culte méconnu. Déjà, pourtant, les communautés et les fidèles tiendront à venir vénérer, dimanche prochain, plus nombreux que par le passé, les précieuses reliques du saint, qui seront exposées à la cathédrale. Quand la parole épiscopale retentira, tous les cœurs seront déjà prêts à la comprendre. »

« Cette parole de notre Evêque s'est fait entendre depuis, non pour la restauration du culte de saint Brieuc, mais pour le rétablissement du tombeau du second patron du diocèse, saint Guillaume. Dans quelques mois, nous aurons le bonheur de voir ce superbe monument élevé dans la Cathédrale. Les foules viendront y prier le grand thaumaturge de notre pays, par l'entremise duquel nos ancêtres ont obtenu des faveurs si merveilleuses. Ce travail terminé, l'œuvre de réparation du sanctuaire de Notre-Dame de la Fontaine sera entreprise, et nous osons espérer que l'année prochaine, à pareille époque, tout sera prêt pour donner à la fête de saint Brieuc la splendeur qui lui est due. »

Cette communication fut suivie d'un prompt effet, et, dès le 6 mai suivant, nous pouvions signaler la présence de toutes les communautés du diocèse à la procession de saint Brieuc. Monseigneur Fallières avait tenu à célébrer la messe dans la chapelle de Notre-Dame de la Fontaine et avait arrêté aussitôt après, avec M. Guépin, architecte, les restaurations nécessaires.

Quelques jours après, par une Lettre Pastorale et un Mandement, Sa Grandeur annonçait son projet de restauration de l'Oratoire de saint Brieuc.

Une souscription était ouverte et la générosité de notre Evêque vénéré devait assurer au fondateur de sa ville épiscopale un sanctuaire moins indigne de sa sainteté.

« A peine entré dans notre ville Episcopale, il nous tardait d'aller rendre nos hommages à *la dévotion de saint Brieuc ;* nous étions impatient de nous agenouiller là où fut son monastère et de nous prosterner sur le pavé de l'oratoire où il célébra le premier la messe sur le sol que nous foulons.

« On nous conduisit donc à *Notre-Dame de la Fontaine ;* nous pénétrâmes dans la crypte, mais en quel état, hélas ! nous avons trouvé ces monuments vénérables ! Une ruine ; et, n'était le voisinage de l'orphelinat de la Saint-Famille, cette ruine semblerait vouée à la solitude et à l'abandon.

« Vous en gémissiez, nous le savons ; nous avons entendu vos plaintes et compris vos désirs. Parmi les vieux Briochins, quelques-uns se sont étonnés naguère que, dans l'œuvre de restauration des choses anciennes par nous entreprise et en partie réalisée, nous n'ayons pas donné la priorité à *la dévotion de saint Brieuc ;* ils ont fait respectueusement observer que saint Brieuc était de beaucoup le frère aîné de saint Guillaume ; ils ont pensé que, si le tombeau du restaurateur de la cathédrale devait reprendre sa place dans l'antique édifice, il convenait de restituer du même coup au berceau de notre Eglise spirituelle quelque chose de son ancien éclat. Successeur de saint Brieuc et vrai Briochin nous-même, sinon de vieille date, du moins de grande affection, nous avons résolu de donner satisfaction à des plaintes si légitimes et à des vœux partagés d'ailleurs par tout le diocèse ; c'est pour cela, Nos Très Chers Frères, qu'à si courte distance, nous élevons encore la voix et nous tendons la main. Aussi bien la restauration de Notre-Dame de la Fontaine aura pour conséquence de relever le culte trop amoindri de saint Brieuc.

« Il semble vraiment que nos vieux saints, émus des périls que court la religion en Bretagne, se lèvent en ce moment de leurs sépulcres et qu'ils viennent nous solliciter de nous placer plus que jamais sous leur puissante protection. Il n'était pas possible à votre Evêque de méconnaître leur volonté, de rester sourd à leurs voix ; il ne pouvait se taire, enfin, quand ils lui ordonnaient de parler. Vous ne pourrez pas davantage demeurer insensibles à l'appel qu'ils vous adressent. Vous l'avez montré pour saint Yves et pour saint Guillaume, vous ne ferez pas moins pour saint Brieuc. »

Depuis ce temps, la chapelle a été restaurée, des fêtes inoubliables ont attiré les Princes de l'Eglise et la foule à l'oratoire jadis abandonné ; les prédicateurs les plus brillants du diocèse ont prononcé d'éloquents panégyriques ; des images et des statues du saint ornent les autels domestiques des familles chrétiennes, et lorsque nous revenons à ce sanctuaire qui a laissé dans notre cœur de profondes impressions, nous y trouvons le même silence mystérieux, la même paix, les mêmes souvenirs, mais notre cœur ne se révolte plus contre l'insouciance coupable de nos compatriotes.

Nos évocations historiques d'enfant et de jeune homme ont pris une forme plus précise, la figure austère de saint Brieuc s'est dessinée dans notre imagination avec des contours plus nets, le passé nous est apparu plus vivant. Alors prenant la plume pour célébrer ce saint tant aimé, nous avons écrit ces pages que la lecture de nos chroniques bretonnes et les sentiments de notre cœur nous ont dictées.

NAISSANCE DE SAINT BRIEUC

L'HISTOIRE s'est toujours plu à rechercher le berceau des hommes illustres pour y trouver, dans le spectacle extérieur de la nature et les conditions du milieu, quelqu'une des causes mystérieuses qui les ont élevés au-dessus de leurs frères, car notre admiration est souvent mêlée de l'intime espoir de leur emprunter le secret d'assurer notre propre grandeur. Tous ceux que le monde glorifie ne méritent pas cette émulation tout à la fois noble et dangereuse, suivant qu'elle se prête plus ou moins aux subtiles recherches de notre amour-propre ; mais, quand il s'agit des saints, nous n'avons à prendre dans ce qui prépara leur sainteté que de salutaires leçons.

Les origines de notre saint Brieuc, comme celles de son illustre successeur du XIIIe siècle, saint Guillaume, restent enveloppées de nuages ; mais, par un étrange contraste, l'histoire s'est montrée moins avare pour celui qui a vécu dans des temps plus reculés.

De saint Brieuc, nous savons du moins le nom de sa patrie, bien que nous ayons peine à fixer sur la carte le coin de terre qui le porta.

Les savants historiens, nos maîtres, ont multiplié les hypothèses : nous ne nous arrêterons pas à leurs laborieuses discussions. Deux contrées ont seules, nous semble-t-il, le droit de se disputer saint Brieuc : l'Irlande (1) et l'Ecosse méridionale. Aucun ne

(1) L'opinion qui fait naître saint Brieuc en Irlande s'appuie sur une première affirmation, qui écarte manifestement toute idée de lui donner une origine Galloise. « Le pays où saint Brieuc vit le jour, était encore plongé à l'époque de cette naissance dans les plus profondes ténèbres de l'idolâtrie ; la religion chrétienne n'y comptait pas un seul représentant.... Tout s'explique..... en admettant qu'il s'agit là de quelqu'une des provinces du midi de l'Irlande. Les habitants de ces contrées étaient presque tous idolâtres au commencement du ve siècle. Le fait est mis hors de contestation par tous les monuments de l'histoire de cette contrée, et principalement par la vie de saint Patrice. » Cette opinion est celle du savant Bénédictin Dom Plaine dans sa *Vie de saint Brieuc*, publiée chez Conor-Grenier à Saint-Brieuc.

Les O'brien, anciens rois de l'Irlande, prétendent qu'ils doivent à saint Brieuc, Brioccius, Briomagle leur nom patronymiqne.

Le fleuve du Shannon, qui arrose le comté de Kerry en Irlande, se rapproche beaucoup par son étymologie du fleuve Scene de la Légende éditée par Dom Plaine.

Saint Brieuc figure ordinairement dans les calendriers et martyrologes irlandais, et il a été longtemps l'un des patrons de Cork, d'après Cambden.

En soutenant cette hypothèse, Dom Plaine en appuie la vraisemblance avec beaucoup d'érudition, en expliquant les difficultés qu'il rencontre dans la conciliation des textes.

Le caractère de notre travail ne nous permet pas de développer tous ses arguments qu'il nous a aimablement communiqués dans une lettre privée. Nous sommes profondément reconnaissant au docte religieux de sa précieuse communication.

l'emporte sans conteste ; mais les présomptions les plus fortes nous inclinent vers la seconde pour y saluer le berceau de notre saint, parce que cette hypothèse explique seule avec harmonie les faits et les dates de sa vie.

Au ve siècle, la partie méridionale de l'Ecosse, comprise entre le golfe de Forth ou d'Edimbourg et le fleuve de Tyne, à l'est, entre la Clyde et le Solway, à l'Ouest, constituait une province romaine appelée Valentia, du nom de son fondateur Valentinien. Elle formait la limite extrême de l'empire. Le mur d'Antonin, sorte de grande ligne de défense, la séparait des forêts impénétrables du pays d'Alban ou de Calédonie qui ne fut jamais vaincu par Rome ; le mur de Sévère, qui servait de seconde barrière contre les invasions des barbares du Nord, dessinait sa frontière du côté de la province Maxima Cæsariensis. Lorsque l'archéologue retrouve sur le flanc des montagnes ou sur le bord des falaises les débris de ces remparts imposants, il songe à l'uniformité des moyens que les nations emploient à travers les siècles pour arrêter les ennemis qu'elles ne peuvent atteindre en bataille rangée. Ainsi procédèrent les Chinois en construisant leurs célèbres murailles ; ainsi tout récemment encore ont agi les Espagnols pour lutter contre les Cubains, en creusant au milieu de la forêt épaisse un fossé gardé par des blockhaus, sous le feu desquels il faut passer pour circuler d'une partie à l'autre de l'île de Cuba.

La Valentia était donc en quelque sorte une province sacrifiée et destinée à recevoir les premiers chocs de l'invasion. Placée aux avant-postes de la civilisation romaine, elle en constitua le boulevard, jusqu'au jour où pillée, ravagée, dépeuplée, elle fut submergée par le flot envahisseur.

Cette situation de la patrie de saint Brieuc est importante à noter : elle nous expliquera pourquoi il abordera des premiers sur les rivages de notre péninsule armoricaine, où les bretons des autres provinces, poussés à leur tour jusqu'à la mer, débarqueront au VIe siècle.

Vers le milieu de la côte Est de la Valentia, s'élevait dans l'intérieur des terres une cité ou plutôt un oppidum qui s'appelait Coritiotar ou Coritiotan. C'est là que naquit saint Brieuc (1), au milieu d'un peuple

(1) Quant à son lieu de naissance, c'est incontestablement la Grande-Bretagne. — Dom Lobineau a cent fois raison de dire « qu'on n'a nulle raison de faire de l'Irlande la patrie de saint Brieuc ; » — mais quelle partie de l'île de Bretagne ? Sa vie nomme son pays *Coriticiana regio*..... c'est la *civitas Coritiotar* ou Coritiotan, mentionnée par le géographe de Ravenne, en laquelle les historiens anglais s'accordent à reconnaître la *Coria Otadenorum*, aujourd'hui la ville de Jedburg dans le Teriotdale. Coria ou Coricia Otadena se contracte naturellement en *Corititiana regio*, qui est à deux lettres près le le même mot exactement que Coriticiana. Rien de plus facile pour un scribe inattentif que de substituer *ci* à *ot*. Aussi peut-on dire que c'est le même

païen sur lequel avait déjà passé le souffle de l'Esprit-Saint, sans l'arracher complètement encore aux superstitions et à l'erreur.

Les saints se sont plu à chanter leur patrie, et plus d'une fois sans doute, sur la terre hospitalière d'Armorique, saint Brieuc s'entretint avec ses moines du pays qui lui avait donné le jour. Les manuscrits des monastères, en nous racontant sa vie, ne nous ont pas rapporté l'écho de cette admiration ; mais ils nous ont conservé l'œuvre d'un compatriote et presque d'un contemporain, Gildas, l'historien de cette émigration des bretons chassés par les barbares de leur Bretagne qu'ils aimaient comme une mère.

Enveloppant dans sa description non seulement la Valentia, mais toute l'ancienne province romaine, il en a chanté la beauté avec un style plein de fraîcheur.

« En s'épandant largement autour de la Bretagne, en l'enveloppant d'un cercle infranchissable, l'Océan

nom, et affirmer hardiment que la véritable patrie de saint Brieuc est la *Coritiliana regio* ou *Civitas*, la *Coria* ou *Coricia Otadenorum*, principale ville du pays des *Otadeni*, établis, on le sait, dans le Nord-Est du Northumberland et dans la partie de l'Ecosse comprise entre ce comté et le golfe d'Edimbourg.

De cette façon, la principale difficulté de la vie de saint Brieuc disparaît.

Car si l'on fait naître le saint en Irlande, il faut supposer que des irlandais *païens* s'en vont de but en blanc expédier leur fils en Gaule, à instruire à un évêque *chrétien* dont ils n'ont jamais entendu parler : hypothèse que le bon sens repousse (La Borderie, *Histoire de Bretagne*, Plihon et Hervé, Rennes 1896, tome I, p. 302).

est son rempart. Deux nobles fleuves, la Tamise et la Saverne, dont les estuaires, comme deux bras, lui apportaient jadis toutes les délices du continent, et plusieurs autres rivières l'enrichissent. Vingt-huit cités, nombre de châteaux, des murs, des tours closes, des portes monumentales, des édifices solides dont le faîte monte à une effrayante hauteur, la décorent. Des plaines largement ouvertes, des collines propres à la plus riche culture et offrant des sites charmants, des montagnes où le bétail peut changer aisément de pâturages, et sur lesquelles des fleurs aux couleurs variées impriment une plaisante peinture, sont les joyaux qui la parent comme une épouse choisie. Et pour l'arroser, elle a de limpides fontaines, dont les flots pressés poussent des cailloux blancs comme neige ; des ruisseaux qui brillent, qui serpentent avec un doux murmure et promettent un doux sommeil à ceux qui se couchent sur leurs bords ; des lacs laissant déborder des torrents d'eau fraîche et vive, etc. (1). »

A ce merveilleux pays de Valentia, où saint Brieuc a vu le jour, il ne manquait donc que la paix et la foi. Ce n'est pas, comme nous l'avons dit, que l'Evangile n'ait jamais été annoncé à ses compatriotes.

(1) Saint Gildas, *De excidio Britanniæ*, traduction de M. de la Borderie, donnée dans son *Histoire de Bretagne*, I, p. 387.

Saint Ninian, disciple de saint Jérôme et de saint Damase à Rome, de saint Martin à Tours, ordonné prêtre par le pape Siricius, les avait évangélisés à la fin du IVe siècle et avait fondé à Whitern (Galloway) une église épiscopale, église de pierre blanche, *candida casa,* dédiée à son troisième maître.

Il ne mourut qu'en 432, c'est-à-dire plusieurs années après la naissance de saint Brieuc, mais sans avoir atteint par sa prédication la partie orientale de la Valentia, où s'élevait l'oppidum de Coritiotar. Son œuvre aurait pu croître rapidement dans une atmosphère pacifique ; mais avec le commencement du Ve siècle, les Pictes et les Scots en arrêtèrent le développement par leurs incessantes invasions.

La plus grande partie de la population celtique de cette province resta donc païenne, tandis que le catholicisme faisait de rapides progrès au sud de la Bretagne.

La richesse naturelle et la fertilité de la terre avaient été un aimant puissant pour les barbares de la Calédonie, comme elles le furent plus tard pour les anglais du moyen âge. Dès cette époque lointaine, les peuples se mêlaient sur ce sol mieux fermé du côté du sud où régnait la paix, que du côté du nord où soufflait la guerre.

Les traditions fortes, sur lesquelles reposent le

christianisme, ne s'incrustaient pas facilement dans ces foyers perpétuellement troublés.

En la cité ou oppidum de Coritiotar vivait cependant une famille prédestinée. Ses richesses, son influence se devinent facilement au seul récit des fêtes qu'elle donnait à ses amis : deux époux qui seront un jour les parents de saint Brieuc en étaient les chefs. Ils se nommaient Cerpus et Eldruda et vivaient comme leurs compatriotes dans ce paganisme raffiné, mais matérialiste, qui était devenu la religion de l'ancienne Rome aux siècles de décadence.

Rien n'annonçait que leur demeure abriterait le berceau d'un saint, et le rideau que nous soulevons sur l'aurore de sa vie, nous découvrira le spectacle de réjouissances et de festins, de joies et de plaisirs mondains qu'il devra condamner un jour au lieu même de sa naissance. Arrêtons-nous, sans nous émouvoir, sur le seuil de la demeure de ces deux bretons de la Valentia, pour contempler les manifestations de la clémence divine et les premiers mystères de ses insondables desseins.

Cerpus et Eldruda avaient cultivé, au milieu de leurs superstitions, deux vertus qui gagnent le cœur de Dieu et obtiennent ses bienfaits : la générosité et la charité. Ils les poussaient parfois jusqu'à une profusion fréquente chez les races celtiques, et même jusqu'à un luxe excessif. Chaque année, aux calendes de janvier, ils réunissaient parents, amis et voisins, et, par trois jours de banquets sans fin, les retenaient autour d'eux : les mets, les jeux, les chants animaient la joie exubérante des invités. « Il n'est pas surprenant, a écrit Monseigneur Fallières, dans son mandement sur saint Brieuc, que le souvenir de cette hospitalité vraiment royale soit rappelé par tous les chroniqueurs ; est-ce que dans ces usages celtiques, notre Bretagne-Armoricaine ne se retrouve pas et ne se reconnaît point encore aujourd'hui ? »

La troisième nuit qui suivit ce banquet, Eldruda eut une vision dans son sommeil. Un ange lui apparut : « Lève-toi, femme, lui dit-il, et adore fidèlement le Dieu du ciel, créateur de toutes choses, prie-le de tout ton cœur et demande-lui qu'il dissipe les ténèbres de ton esprit et de celui de ton mari ; prie-le qu'il vous découvre à tous deux la lumière de la vérité. »

L'émotion la réveille ; mais la frayeur arrête toute réponse sur ses lèvres.

L'ange la rassure par de douces paroles : « Femme, ne te trouble pas et ne crois pas à une illusion fantastique. Je suis envoyé par Dieu pour t'annoncer à toi et à ton époux ce qui va vous arriver. Vous êtes bien heureux que la divine clémence se soit manifestée à vous, et bien plus heureux encore sera le fruit de vos entrailles, que Dieu a prédestiné pour être son temple. Vous engendrerez un fils cher à Dieu et riche en mérites qui deviendra, dans la pratique de la religion chrétienne, un salutaire exemple pour le peuple par son extérieur, ses mœurs saintes, sa chasteté remarquable, sa piété sincère, sa douce charité, sa science surnaturelle et sa perfection. Il s'appellera Brieuc. Annonce cette nouvelle à ton époux. Avertis-le en toute hâte de briser ses idoles qui ne peuvent lui être d'aucun secours, et d'adorer avec empressement le Dieu vrai qui règne dans les cieux et qu'il ignore encore. Vous ferez trois baguettes, deux d'argent dont la première sera pour toi et la seconde pour ton mari, une d'or pour votre fils, que vous déposerez dans votre trésor jusqu'à la naissance de cet enfant. Lorsqu'il sera grand, vous le confierez à l'évêque Germain qui l'instruira dans les arts libéraux et lui donnera une bonne éducation. »

A ces paroles que le scribe aura sans doute développées sur une trame puisée dans un texte primitif, Eldruda se leva et, dès le matin, raconta à son mari les avertissements de l'ange. Il est facile de deviner l'étonnement de Cerpus et nous pourrions excuser son scepticisme, si l'accent des paroles de son épouse n'avait dû l'ébranler. Il plaisanta malignement de ce

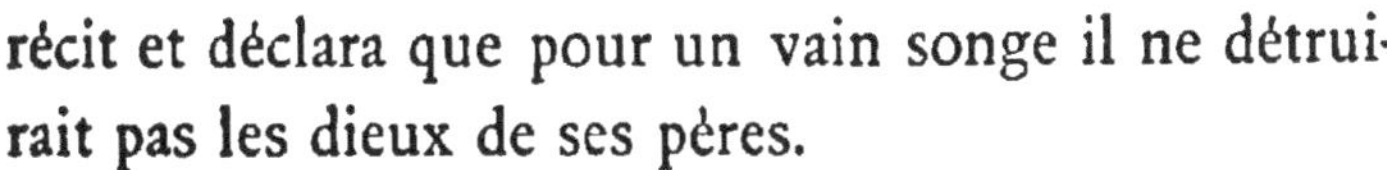

récit et déclara que pour un vain songe il ne détruirait pas les dieux de ses pères.

C'était le premier mouvement de la nature.

Les desseins du Seigneur ne furent point entravés par cette résistance et la grâce poursuivit ce rebelle.

SONGE D'ELDRUDA

La nuit suivante, l'ange apparut de nouveau à Eldruda, pour lui demander compte de sa mission. A l'exposé de son échec, il répliqua par de pressants encouragements à tenter une nouvelle démarche. « Continue, lui dit-il, rappelle-lui mes paroles et préviens-le que s'il n'obéit point aussitôt à mes paroles, il s'en repentira. »

Toute réconfortée par ces exhortations, Eldruda redit à son mari la vision de la veille et les menaces de la nuit.

Ce fut en vain. Elle ne reçut en retour de ses avertissements que railleries et dédain.

La troisième nuit l'intervention du ciel fut décisive. Pendant son sommeil, Cerpus vit à son tour l'ange du Seigneur qui, par des coups et des reproches, l'arracha à sa torpeur : « Lève-toi, lui dit-il, et prie les dieux que tu adores de te délivrer de cette épreuve. »

Cerpus épouvanté se leva, et, en reconnaissant l'impuissance de ses dieux, avoua sa faute et promit de bon gré obéissance aux ordres qu'Eldruda lui avait transmis.

Cette triple intervention de l'ange du Seigneur était trop significative pour qu'il résistât plus longtemps.

Dès l'aurore, Cerpus se leva, réunit ses amis, leur raconta cette étrange aventure et, s'armant d'une résolution virile, il brisa en mille pièces toutes ses idoles, sans pourtant renoncer complètement au paganisme.

L'auteur de la vie de saint Brieuc ajoute qu'il se disposa à donner la moitié de ses biens aux pauvres.

C'était imiter, après la visite de l'ange, la générosité de Zachée recevant Jésus dans sa maison.

L'acte suivit bientôt ce courageux dessein, et, après avoir fabriqué les trois baguettes demandées, il distribua aux pauvres une grande partie de son trésor.

Aussitôt les promesses divines s'accomplirent. Eldruda conçut et engendra un fils auquel elle donna le nom de Brieuc. L'enfant grandit dans la demeure paternelle et y reçut une éducation première digne des sentiments qu'avait produits en l'âme de ses parents l'extraordinaire intervention du ciel, bien qu'ils ne fussent pas encore convertis.

Une vocation sublime lui était réservée : Cerpus et Eldruda attendirent de la Providence qu'elle indiquât, par une manifestation définitive, ses desseins sur Brieuc.

En attendant, ils s'abandonnèrent au charme de cet heureux événement.

« C'est une grande fête (1) pour un romain, quand il lui naît un enfant..... La joie des parents s'annonce publiquement par la décoration extérieure de la maison, dont la porte est ornée de couronnes de fleurs. A l'intérieur ce sont des visites sans fin : la famille, les amis viennent féliciter le père sur son nouveau rejeton, voir l'accouchée, la complimenter, s'il y a lieu, sur la ressemblance de son enfant avec elle, et prendre

(1) Dezobry, *Voyage d'un Gaulois à Rome*, 4e édition. Ch. Delagrave, p. 418.

part à des réjouissances et à des festins par lesquels on célèbre la venue du jeune convié au grand banquet de la vie. »

Les amis, les parents, les compatriotes avaient une raison plus élevée encore de se réjouir de la naissance de Brieuc. Les circonstances merveilleuses qui avaient précédé sa naissance ne présageaient-elles pas des destinées glorieuses, conformes aux paroles de l'ange.

La réalisation de la prophétie de sa naissance justifiait une légitime confiance dans les espérances de sa famille.

Nous avons respecté les longueurs de ce récit qui a été manifestement arrangé par le biographe pour reconstituer au naturel les origines merveilleuses de saint Brieuc et leur donner une vie conforme à la réalité dans ses détails essentiels. S'il nous est permis de nous montrer scrupuleux et sévère sur les dates et la trame historique de cette vie, il nous paraîtrait téméraire de toucher à ces broderies d'un auteur qui mérite crédit et confiance. Ce travail d'arrangement se fait sans cesse de nos jours dans les mémoires et comptes-rendus officiels et officieux qui seront les documents authentiques de notre époque. A plus forte raison a-t-il pu se produire en un temps où l'impression n'assurait pas la permanence des textes.

Aussi saluerons-nous ici avec reconnaissance l'auteur inconnu, le moine qui nous a conservé ces détails édifiants d'une période si lointaine. Il appartenait à une génération qui a connu des contemporains de saint Brieuc, puisqu'il s'appuie sur le témoignage de saint Sieu (1), l'un de ses disciples. La trace de ce précieux témoin ne s'est point perdue sur notre sol, car Lancieux, paroisse de l'ancien diocèse de Saint-Malo, attachée au diocèse de Saint-Brieuc, porte son nom et fut sans doute primitivement constituée par un monastère qu'il fonda.

Ses récits nous sont parvenus en trois manuscrits, dont le seul exemplaire complet appartient à la bibliothèque de Rouen, tandis que les autres, mutilés et privés de prologue, se trouvent à Angers et à la bibliothèque nationale de Paris.

Le manuscrit de Rouen a été transcrit par Dom Plaine (2) et vérifié par MM. Anatole de Barthélemy et Charles de Beaurepaire, archiviste de Rouen. D'après ses caractères paléographiques, le savant bénédictin conjecture qu'il a été écrit au xe ou au xie siècle.

Nous lui avons emprunté le fonds de notre récit,

(1) Dans les textes latins, on traduit son nom par Simiaus. M. de la Borderie y voit avec juste raison une erreur de copiste qui a mis un *m*, à la place d'un *v*. L'orthographe authentique est Siviaus ou Sinaus.

(2) Cette copie a été publiée en article dans les *Analecta Bollandiana* et en brochure chez Conor-Grenier, à Saint-Brieuc.

en l'éclairant des savantes conclusions de M. de la Borderie, membre de l'Institut. Le premier volume de son *Histoire de Bretagne* a fixé les grandes lignes de notre hagiographie provinciale dans la période de ses origines. En nous appuyant sur ces conclusions d'un auteur dont l'autorité sera toujours invoquée par quiconque entreprendra désormais l'étude d'une page de nos annales bretonnes, nous avons voulu échapper aux vaines discussions qui ont déconcerté tant de lecteurs et détourné le public des travaux les plus intéressants de nos archéologues et de nos historiens.

C'est par une critique exigeante dans la chronologie et les faits importants, mais large dans les détails, qu'il est possible de conserver au passé une physionomie animée.

Le merveilleux que nous trouvons dans ces pages, ne doit point effrayer les hommes d'une époque où le rationalisme absolu s'est butté contre des faits multiples de surnaturel divin et de préternaturel spirite qui ont étonné tant de fois les esprits réfléchis.

Si l'interprétation des songes nous paraît peut-être indigne d'arrêter un seul instant l'attention d'un homme sérieux, n'oublions pas qu'ils jouent un rôle important dans l'existence de certaines âmes privilégiées : « Lorsque les hommes, lisons-nous au Livre de Job XXXIII, accablés par la fatigue, s'endorment dans leur lit, Dieu ouvre leurs oreilles et les instruit de la vérité. » Joseph, en Egypte, interpréta les songes de l'échanson et du panetier, comme nous le voyons dans la Genèse XL, et Daniel ceux du roi de Babylone, ainsi que nous le constatons dans le livre qui porte son nom (Dan. II et IV).

Rions à notre aise, en esprits forts, de ces générations humaines qui ont cru à l'interprétation des rêves de la nuit. Souvent le rire est vain.

Il suffit que Dieu se soit servi de ce moyen pour que nous gardions une prudente réserve et que nous ne portions pas une appréciation trop rapide.

En même temps nous devons nous défier de toute interprétation légère, car la plupart des rêves ont une cause naturelle.

Le démon lui-même, qui rôde autour de nous, peut user de ce moyen pour nous entraîner au mal.

Cependant les songes de Cerpus et d'Eldruda nous paraissent très nettement marqués d'un caractère divin, comme ceux de leurs fils.

L'histoire n'en eût pas conservé le souvenir, si la tradition constante n'en avait pas été transmise aux témoins qui fournirent au biographe de notre saint les documents de son travail.

Maintenant l'histoire se tait sur les premières

années de saint Brieuc et sur l'éducation qu'il reçut dans la maison paternelle. Toute conjecture précise serait inutile.

« Les premières années du nouveau-né se passèrent à la maison paternelle, sous les yeux d'un père et d'une mère pleins de sollicitude, et donnèrent mille fois occasion de présager que cet enfant ferait plus tard de grandes choses, que tout ce qui avait été annoncé de lui se réaliserait pleinement. On remarqua en effet de bonne heure dans le petit Brieuc une maturité tout à fait au-dessus de son âge. Au lieu de courir les champs, de se livrer au jeu, de s'amuser à des bagatelles, comme il est ordinaire à l'enfance, le fils de Cerpus ne quittait pas la maison et s'occupait presque toujours à tracer des lettres sur ses tablettes ou à quelque autre exercice utile et profitable (1). »

Il grandit et voici venir sur les flots de la Manche l'envoyé de Dieu, l'évêque Germain d'Auxerre, qui exercera une décisive influence sur sa destinée.

(1) Dom Plaine, O. S. B. Note inédite.

SAINT GERMAIN D'AUXERRE

EN BRETAGNE

AU moment même où saint Brieuc ouvrait les yeux à la lumière du soleil, une erreur funeste répandait ses ombres sur les clartés de la foi dans le monde. Un moine breton, Pélage, propageait en Orient, en Afrique et en Italie, des erreurs qui revinrent bientôt à leur pays d'origine, par l'intermédiaire d'Agricola, petit-fils de l'évêque Sévérien, partisan des nouvelles doctrines et compatriote de l'hérésiarque. Le mal se propagea avec une effrayante rapidité. Rien n'était en effet séduisant comme cette chimère, qui flattait l'orgueil humain, à l'instar du rationalisme contemporain.

D'aprés Pélage, notre premier Père a été créé mortel avant le péché ; les enfants nouveaux-nés se trouvent dans le même état qu'Adam avant sa chute ; l'homme peut échapper complètement au péché et accomplir facilement les commandements de Dieu ;

la grâce consiste en une illumination de notre esprit par la loi et l'Evangile, et non pas en une infusion de la grâce sanctifiante, suivie du don de la grâce actuelle, pour l'inspiration et l'accomplissement des actes méritoires de notre volonté. Par là, il touchait aux fondements mêmes de la doctrine chrétienne, mais il se heurta, dans cette tentative criminelle, contre le plus savant docteur de l'église latine, saint Augustin, évêque d'Hippone.

En Grande-Bretagne, le clergé s'émut de l'audace des novateurs, mais il reconnut bientôt son impuissance à entraver les progrès rapides que fit l'hérésie de 420 à 428 et 429. Sous l'impulsion du diacre Pallade, il s'adressa aux évêques des Gaules et au pape saint Célestin, qui leur envoyèrent, en 429, deux hommes éminents par leur science et par leur sainteté, saint Germain, évêque d'Auxerre, et saint Loup, évêque de Troyes.

Ainsi se préparait la réalisation de la parole de l'ange à Eldruda et le rapprochement du maître choisi de Dieu pour un disciple prédestiné. La vie de saint Brieuc, comme la parole de ces deux apôtres, sera la négation même des erreurs pélagiennes. Ses luttes incessantes contre le démon, ses pénitences, sa prière ininterrompue, sa fuite du monde prouveront un jour, par l'exemple plus encore que par la parole, qu'il considéra toujours l'homme comme un être déchu.

En attendant les temps encore lointains où, dans ses monastères de Grande-Lande et de la Vallée-Double, il proclamera ces principes, l'hérésie se répand, l'orgueil triomphe et la foi décline.

Aussi saint Germain et saint Loup s'employèrent avec une infatigable énergie, pendant les années 430 et 431, à parcourir le pays, pour y poursuivre l'erreur jusque dans ses derniers retranchements.

Tous les deux étaient de vaillants lutteurs dont la noble physionomie mérite d'être étudiée un instant.

La vocation de saint Germain, cet évêque puissant en œuvres et en doctrine, est aussi extraordinaire que celle d'Ambroise de Milan. Né à Auxerre, d'une famille illustre, il avait reçu une solide formation. Après avoir étudié les lettres et le droit dans sa patrie et à Rome même, la capitale de l'empire, il revint à Auxerre pour y remplir les fonctions de chef des troupes de la province. Marié à une femme de haute naissance et de grande vertu, il ne songeait pas à la mission que Dieu lui réservait. Les plaisirs du monde l'attiraient. Ses chasses étaient célèbres. En entrant dans la ville, il allait suspendre les têtes des animaux qu'il avait tués à un poirier planté sur l'une des places.

Le vieil évêque Amator l'en reprenait, mais en vain, comme d'une superstition païenne. Un jour, en rentrant de voyage, Germain trouva le poirier abattu. Il ne s'attendait pas à cet acte d'énergie du pasteur et s'en irrita, au point de faire de sombres menaces et d'armer des soldats pour sa vengeance.

Il n'est pas inutile de nous arrêter devant l'intéressante figure de celui qui sera dans la patrie de saint Brieuc le vainqueur de la bataille de l'*Alleluia.* L'énergie et la décision avec laquelle il va procéder contre les pélagiens, la netteté de ses plans pour le relèvement de la vie chrétienne dans les îles bretonnes par l'intermédiaire de ses disciples Brieuc, Patrice, Iltut..., se comprennent mieux après la lecture de ces traits d'une jeunesse où éclate l'ardeur, la virilité, la promptitude d'action d'un soldat.

Ces qualités humaines avaient leur prix. Notre-Seigneur qui fit du persécuteur des Juifs, l'intelligent et intrépide Saul, le glorieux apôtre Paul, conduisit Germain sur son *chemin de Damas.*

Sa colère n'émeut pas Amator : « Je ne suis pas digne de verser mon sang comme les martyrs », répondit le vieil évêque à ceux qui l'avertissaient du danger. Une révélation lui avait appris que ce fougueux soldat, cet infatigable chasseur, ce bouillant cavalier serait son successeur.

Quels furent leurs rapports intimes ? Par quelle crise d'âme Germain passa-t-il tout-à-coup ? Peu de temps après cet incident, Amator partait pour Autun et annonçait au préfet des Gaules la révélation qu'il avait reçue d'en haut.

« Amateur, de retour à Auxerre, assembla tout le peuple dans le parvis de sa maison, leur déclara qu'il n'avait plus que peu de temps à vivre et les pria de lui choisir un successeur. Comme il vit tout le monde garder le silence, il sortit pour se rendre à l'église. Tout le peuple l'y suivit. Germain et plusieurs autres étaient armés et se disposaient à entrer ainsi dans l'église, selon la coutume des Gaulois, qui portaient partout leurs armes. Mais saint Amateur, les arrêtant à la porte, leur dit : « Mes chers enfants, quittez ces javelots et ces boucliers ; car c'est ici une maison de prière et non un champ de mars. » Ils obéirent. Alors l'évêque voyant Germain sans armes, fit fermer les portes, et, entouré d'un cortége de clercs et de nobles, mit sur lui la main, lui coupa les cheveux, lui ôta les ornements du siècle, le revêtit de l'habit de religion, l'avertissant de se rendre digne du sacré ministère, parce que Dieu l'avait choisi pour son successeur. Ensuite, adressant la parole à son peuple : « Mes bien aimés enfants, leur dit-il, le Seigneur recevra bientôt mon âme ; je vous conjure de vous accorder à élire notre frère Germain. » Toute la multitude répondit : Amen ! (1) »

(1) Rorrbacher, *Hist. de l'Eglise*, seconde édition, Palmé 1879, III, p. 452.

Chaque vocation est un don de la grâce ; mais elle revêt dans le cours ordinaire des événements une forme simple et commune. Tantôt c'est une secrète inclination de l'âme qui conduit aux autels, tantôt un événement qui touche le cœur et ébranle la volonté indécise, tantôt la noble passion de servir la vérité et de mériter le ciel par une vie plus parfaite. Cet appel extraordinaire nous révèle les grandeurs des vues de Dieu sur celui qui consacrera à la virginité Geneviève de Nanterre, la future libératrice de Paris, qui arrachera la Bretagne à l'hérésie, emmènera saint Brieuc loin de son milieu païen et préparera pour l'avenir ceux qui apporteront à notre Armorique la lumière de la vérité et les fruits de la civilisation chrétienne.

Ce fut en mai 428 qu'Amator mourut, en juillet que Germain le remplaça. Plus de dix années de vie épiscopale et monastique le préparèrent donc à sa mission d'outre-Manche.

Son compagnon de voyage, saint Loup, n'exerça pas la même influence sur les destinées de saint Brieuc. Aussi ne jetterons-nous sur lui qu'un coup d'œil rapide.

« Saint Loup, issu d'une très noble famille de Toul, avait étudié dans les écoles des rhéteurs, et acquis une grande réputation d'éloquence. Il épousa Péminiole, sœur de saint Hilaire, évêque d'Arles. La septième année de leur mariage, ils se séparèrent d'un commun consentement, pour mener une vie plus parfaite, Loup quitta la maison paternelle et se retira au monastère de Lérins, sous la conduite de saint Honorat, qui en était alors abbé. Après s'y être exercé quelques années dans les jeûnes et les veilles, il fit en 426 un voyage à Mâcon, pour y distribuer aux pauvres ce qui lui restait de bien. Mais comme il y pensait le moins, on l'enleva pour être évêque de Troyes, et il gonverna cette église cinquante-trois ans (1)..... »

« .....S'étant embarqués en hiver, ils (2) souffrirent une grande tempête que saint Germain apaisa en jetant quelques gouttes d'huile dans la mer au nom de la Trinité. Arrivés en Bretagne, ils trouvèrent une grande multitude rassemblée pour les recevoir ; car leur arrivée avait été prédite par les malins esprits qu'ils chassèrent des possédés, et qui, en sortant, confessèrent qu'ils avaient excité la tempête (3). »

La parole de l'ange annonçant à Eldruda qu'elle confierait un jour son fils à Germain d'Auxerre avait pu paraître invraisemblable. Les événements en montrèrent bientôt la vraisemblance et mieux la vérité.

Germain, cet évêque, dont elle ignorait l'existence,

(1) Rorrbacher, III, 452.
(2) Saint Germain d'Auxerre et saint Loup de Troyes.
(3) Rorrbacher, III, 456.

allait pour ainsi dire au devant de l'élève et du disciple que la Providence lui réservait. Il semblait n'être appelé que pour combattre l'hérésie, et le divin Maître lui ménageait en secret un continuateur de son œuvre, une âme d'élite qui maintiendrait par ses vertus et ses enseignements la vérité un moment voilée dans les esprits.

Quelques jours avant la Pâque de 430, nous trouvons Germain dans le nord, peut-être même dans la province de Valentia, où il avait baptisé les membres d'un clan païen. Les Pictes et les Scots, infatigables ennemis des bretons, vinrent attaquer ces nouveaux chrétiens.

Germain se souvint qu'il avait exercé le métier des armes et prépara les néophytes au combat. Après les avoir nourris du pain de vie par la sainte communion, il les disposa sur une position favorable d'où ils pouvaient résister à l'assaut des barbares et se jeter sur eux avec avantage. Aussi quand, au matin de Pâques, les Pictes commencèrent l'attaque, les Bretons se précipitèrent avec ensemble, comme des soldats aguerris, en poussant tous à la fois le cri de joie des chrétiens en cette grande fête : *Alleluia !* Cette impétuosité dans l'attaque, ces accents vibrants déconcertèrent les agresseurs. La victoire fut éclatante pour les Bretons et la bataille prit dans l'his-

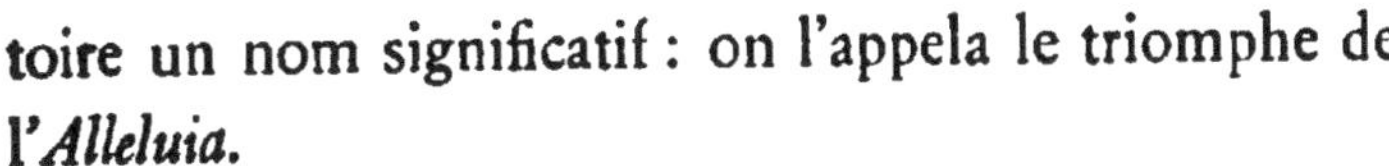

toire un nom significatif : on l'appela le triomphe de l'*Alleluia.*

Le prestige de Germain s'en accrut singulièrement et l'aida à mettre en déroute les hérétiques qu'il attaquait par la parole et les miracles.

Le bruit de sa renommée s'étendit jusqu'à Coritiotar.

Eldruda se souvenant du songe qui avait précédé la naissance de Brieuc, suggéra à son époux la pensée d'envoyer l'enfant qui grandissait en âge et en sagesse à l'évêque Germain. Cerpus lui opposait toujours une fin de non recevoir. Comme il rêvait de léguer à son fils sa fortune et sa haute situation, il estimait qu'en le confiant à des moines, il le donnait à Dieu et le faisait déchoir.

Combien de pères lui ressemblent encore aujourd'hui.

Les circonstances et les milieux changent, mais l'homme reste toujours le même avec ses ambitions étroites et ses vues bornées à la terre. Les riches et les puissants ne comprennent que la supériorité de l'or et des honneurs du monde : il en est peu, parmi les plus croyants, qui ne résistent pas aux appels que Dieu fait à leurs enfants ; il n'y en a peut-être pas qui ne tentent au moins de l'entraver. Les doux rêves des mères qui comprennent mieux les nobles aspirations de leurs fils, se brisent presque toujours contre une opposition latente ou déclarée qui étouffe parfois les germes d'une vocation.

Que de jeunes hommes se sont perdus parce qu'ils avaient été détournés de leur voie ! Ce ne fut pas le sort de saint Brieuc. Prédestiné par une attention toute particulière de la Providence à de grandes œuvres, il trouva constamment sur son chemin les secours extraordinaires de la grâce.

La nuit qui suivit les pressantes exhortations de son épouse, Cerpus eut une nouvelle vision de l'ange qui le réprimanda avec vigueur : « Pourquoi, lui dit-il, retiens-tu le fils que Dieu a daigné consacrer dès le sein de sa mère ? Va plutôt et hâte-toi de le confier à l'envoyé du Ciel, Germain, comme je te l'ai ordonné. »

Réveillé par cet appel, il se hâta de raconter, dès le matin, à ses amis les paroles qu'il avait entendues. L'accord fut unanime. Ils le félicitèrent de cette nouvelle faveur du ciel et l'exhortèrent à suivre les ordres de l'ange. Cerpus se décida donc à envoyer son fils Brieuc à saint Germain d'Auxerre. Il lui confia en même temps les trois baguettes d'argent et d'or qu'il avait faites au moment de sa naissance.

La joie de l'apôtre fut grande en voyant cet enfant prédestiné. Du plus loin qu'il l'aperçut, il s'écria : « Voici un noble enfant du clan des Coriticiens. En lui donnant la vigueur de l'intelligence et en lui accordant dès le premier âge des mœurs saintes, Dieu l'a prédestiné à être le chef de la religion dans sa patrie. »

La mission de saint Germain touchait à son terme et saint Brieuc partit avec lui pour les Gaules.

Ne nous étonnons pas du départ de cet enfant pour des régions lointaines. Si les voyages étaient beaucoup plus difficiles qu'à notre époque, s'ils exposaient à plus de périls, ils étaient entrés dans les mœurs publiques avec la longue paix de l'Empire. Pour puiser aux sources les plus pures de la doctrine et de la sainteté, les jeunes gens ne craignaient pas de passer les mers. Saint Brieuc rencontrera dans les Gaules des compagnons et des amis qu'il retrouvera plus tard sur le champ de bataille de l'apostolat en Bretagne.

Tandis qu'il s'embarque avec saint Germain et saint Loup pour gagner les rivages des Gaules, considérons un instant un compagnon de voyage que nous aurions déjà remarqué, si nous avions fait connaissance avec la petite troupe qui accompagnait les deux évêques. Son nom n'est pas encore illustre, mais nous aurions mauvaise grâce à ne pas entrer en relation avec lui. Il a déjà trente-trois ans ; mais, lorsque les années et la mission d'un Pape lui auront fixé son domaine d'action, il restera dans la mémoire des peuples comme le fondateur de l'église d'Irlande et un grand conquérant d'âmes.

Le voyage s'accomplit sans incidents. Rien ne nous détourne donc de l'attention qu'il convient de prêter à cet ami respectable du jeune enfant que le souffle de la brise pousse loin de son pays.

Si leur amitié revêt quelque chose de la gravité austère qu'impose la différence d'âge, elle nous apparaît comme un épisode plein de charmes dans la vie de notre saint.

De communes aspirations et des sympathies naturelles en faisaient la force. Compagnon de saint Germain, Patrice était le guide et le conseiller tout indiqué du jeune et inexpérimenté Coriticien.

« L'amitié, écrivait un de leurs contemporains, saint Jean Chrysostome, (1) est une plante du ciel dont les rameaux sont chargés des fruits inestimables de la vertu et de la vie. Non, la terre n'a pas de jouissance comparable à l'amitié. On se fatigue de tout, on ne se fatigue jamais de ce noble plaisir..... Ailleurs, la longue jouissance engendre la satiété ; ici, elle augmente l'affection et l'on s'attache toujours plus à son ami à mesure qu'on le connaît davantage ; il nous est plus cher que la vie. »

(1) *Vie de saint Jean Chrysostome*, par M. l'abbé Martin, t. II, p. 186.

C'était déjà une étrange histoire que celle de ce Patrice.

« Une jeune et belle gallo-romaine, parente du grand saint Martin de Tours, mais réduite en servitude et vendue hors de son pays, comme il arrivait si souvent en ces temps désastreux, avait séduit par sa beauté, sa fidélité et son aimable caractère, le fils de son maître. Il l'avait affranchie en l'épousant. De ce mariage était né un fils nommé Patrice (387-465), qui, lui-même, fut enlevé à seize ans par des pirates de race celtique, puis vendu comme esclave en Irlande, où il gardait les troupeaux de son maître, et où la faim, le froid, la nudité, les sévices impitoyables de ce maître, l'initièrent à toutes les horreurs de la servitude. Aprés l'avoir endurée pendant six ans, il parvint à s'échapper. Mais, revenu en Gaule, il voyait toujours dans ses rêves les enfants de ces païens Irlandais dont il avait connu le joug, qui étendaient vers lui leurs petits bras. Son sommeil en était troublé comme ses études. Il lui semblait ouïr la voix de ces innocents qui lui demandaient le baptême et lui criaient : « Cher « enfant chrétien, reviens parmi nous ! reviens pour « nous sauver ! » Comme pour se préparer à cet apostolat, il va reprendre et achever ses études dans les deux plus grands sanctuaires monastiques de l'occident, à Marmoutier et à Lérins ; il accompagne ensuite saint Germain d'Auxerre dans la mission entreprise par ce grand champion de l'orthodoxie, pour extirper de la Grande-Bretagne l'hérésie pélagienne, si chère aux races celtiques ; après quoi il va à Rome (vers 430), y obtient une mission du pape saint Célestin (1). »

A quelle date Iltut passa-t-il de Bretagne en Gaule pour aller à l'école d'Auxerre ? Nous l'ignorons, mais l'historien de notre saint nous apprend que Brieuc le connut et l'aima. C'était une nature d'élite. Son intelligence s'ouvrit très vite aux sciences sacrées. Il devint un de ces maîtres dont l'autorité exerce sur d'autres âmes un empire qui est la récompense la plus délicate et la plus séduisante de la science et de la vertu.

Parmi ses fils intellectuels et spirituels, nous trouverons un jour saint Gildas, l'historien du *De excidio Britanniæ*, le chantre éloquent des malheurs du peuple breton, saint Lunaire, le civilisateur des bords de la Rance, de cette côte d'émeraude, sur laquelle s'élève aujourd'hui Dinard ; saint Samson, le futur chef de l'église bretonne. « Sur la fin de sa vie, écrit Monseigneur Fallières, dans son mandement sur saint Brieuc, il viendra, lui aussi, évangéliser nos contrées. Il mourra à Dol, et l'église de Landébaéron gardera fidèlement ses reliques et sa mémoire. La Providence s'est com-

(1) Montalembert. *Les Moines d'Occident,* Saint Patrice, II, 471.

plu à rapprocher dans la mort et dans le culte qui leur est rendu par la Bretagne ces deux amis élevés ensemble à l'école d'Auxerre. *Ita et in morte non sunt separati* (1). »

Les maîtres et les amis du jeune Brieuc nous sont connus. Leur science et leur piété nous présagent en leur disciple et frère une grandeur précoce, car le don le plus précieux de Dieu est peut-être la fréquentation des belles âmes. Il nous tarde de franchir le seuil du monastère d'Auxerre, sainte et studieuse demeure, où l'enfant deviendra un homme, où le chrétien s'élèvera jusqu'à la sainteté. Nous y verrons enfin à l'œuvre l'enfant dont nous n'avons parlé que pour montrer les merveilleuses préparations de la Providence.

(1) I. ad Timoth. III, 15.

SAINT BRIEUC A AUXERRE

« DÉJA sur ces voies de granit, que la puissante main de Rome avait ouvertes ou, pour mieux dire, avait bâties le long de nos collines et de nos montagnes, des légions de missionnaires ont remplacé les légions des Césars, et leurs chefs immortels, non moins prévoyants que les triomphateurs du Capitole, ont établi de loin en loin des citadelles que défend la prière ; ce sont ces asiles pieux, ces écoles qu'ils dirigent eux-mêmes, et qui sont autant de foyers de vie où se prépare l'avenir. Dans les Gaules, Hilaire de Poitiers, Martin de Tours et quelques autres préparaient naguère, par leurs leçons et leurs exemples, les athlétes de la foi ; un autre est venu depuis, qui marche glorieusement sur leurs traces. Vous avez nommé avec moi saint Germain d'Auxerre (1). »

(1) Panégyrique de saint Brieuc, prononcé le 28 avril 1895, par M. le chanoine Ollivier, supérieur du Petit Séminaire de Plouguernével.

Le monastère qu'il avait fondé, vis-à-vis de la ville, de l'autre côté de l'Yonne, était placé sous le patronage de deux saints dont l'Eglise fait mémoire au canon de la messe, SS. Cosme et Damien, et le premier chef de cet asile, où l'évêque aimait à se retirer, fut saint Allode qui eut pour successeur saint Mamertin.

Saint Brieuc n'y trouva que des modèles de sainteté dont les leçons ne s'apprennent ni dans les manuscrits, ni dans les livres, mais dans la vie et les exemples des chrétiens héroïques qui la pratiquent avec perfection. L'histoire, en nous permettant de reconstituer ce milieu, éclaire d'un jour brillant les courants d'idées qui influèrent sur le jeune celte dans ce monastère gallo-romain.

« C'était une de ces communautés de clercs, sur le modèle de celle de Verceil, fondée un siècle auparavant et déjà rendue fameuse par les soins de saint Eusèbe, le premier qui, dans l'Occident, joignit la vie monastique à la vie cléricale.

« Mais l'école de Germain ne tarda pas à le disputer à celle d'Eusèbe en science, en piété, en amour et en dévouement pour l'Eglise. Elle participait elle aussi, au mouvement de renaissance intellectuelle qui datait du jour où la liberté avait été accordée à l'Evangile et qui touchait maintenant à son apogée. Veuillez remarquer qu'en un temps où le génie païen semblait stérilisé, où le langage se ravalait dans la même mesure que la pensée et les sentiments, l'Eglise, au contraire, offre cent noms qui passeront à la postérité la plus reculée, malgré les défauts inhérents à l'esprit de l'époque. Les écrivains qui portaient ces noms seront toujours cités parmi les maîtres et j'ajouterai qu'au point de vue de la sûreté et de l'élévation des idées, ils l'emportent même sur leurs devanciers, de toute la supériorité que donne la grâce sur la simple raison.

« C'était, a dit un grand évêque, Monseigneur Besson, l'âge d'or de l'éloquence chrétienne. Saint Grégoire, saint Basile, saint Chrysostome venaient, en effet, de ranimer la langue du vieil Homère, et avaient chanté, comme sur une lyre, avec leurs lèvres harmonieuses, les dogmes de l'Evangile.

« La langue latine ne le cédait à la langue grecque ni pour la vivacité, ni pour la noblesse, ni pour la douceur. Les lettres de saint Jérôme circulaient dans tout l'Occident, avec plus de rapidité encore que les flots du Rhône, auxquels on a comparé l'éloquence de ce grand homme ; les sermons et les traités d'Ambroise charmaient l'Italie, les Gaules et l'Afrique, pendant que le génie d'Augustin devenait universel (1). »

(1) Panégyrique de saint Brieuc, par M. le chanoine Ollivier, Supérieur du Petit Séminaire de Plouguernével, p. 12.

Plus près d'Auxerre, saint Hilaire prononçait et dictait ses homélies pour toutes les fêtes de l'année, une exposition du symbole et beaucoup de lettres. Saint Prosper écrivait sa *chronique* et un *poème* contre les ennemis de la grâce ; Cassien, des *Conférences monastiques*, sept livres sur l'*Incarnation du Verbe ;* Salvien, le *Maître des Evêques*, son ouvrage sur la *Providence*, son *Traité de l'Eglise* et l'histoire du martyre de saint Maurice et de ses compagnons ; saint Vincent de Lérins, son *Mémorial*.

Le moment était donc propice pour les études ecclésiastiques.

Au moment où Brieuc franchit le seuil du monastère d'Auxerre, une colombe se mit à voleter devant lui, et lorsqu'il s'inclina pour saluer son maître, l'oiseau s'abaissa jusqu'au-dessus de sa tête (1).

Saint Germain et ses disciples y virent à un juste

(1) Monseigneur Fallières a consacré le souvenir de cette scène dans une des cinq verrières de la chapelle de Notre-Dame de la Fontaine. *(Voir ci-après, p. 62.)* Cette peinture sur verre, œuvre de M. Vermonet-Pomery, de Reims, comme le *Songe d'Eldruda* de la page 21, est une composition très artistique : Sous le cloître d'un monastère, saint Germain d'Auxerre, entouré de ses moines, reçoit des mains de Cerpus le jeune Brieuc. Entre les arcades vole la colombe. A droite, derrière le serviteur qui apporte dans un sac de peau les bagages de l'enfant, on aperçoit un paysage transparent analogue à ceux que Raphaël aime à laisser entrevoir au second plan de ses tableaux. Si cette scène se passa réellement à Auxerre, il est difficile d'y faire intervenir historiquement Cerpus ; mais la chronologie de cet événement est assez indécise pour permettre à l'artiste de lui donner pour théâtre l'île de Bretagne.

titre une manifestation des vues de Dieu sur lui et bénirent unanimement le Seigneur, en le recevant avec joie et avec honneur.

Aussitôt Brieuc se mit à l'œuvre. Avec cette facilité et cette intelligence qui s'étaient révélées en lui dès son premier âge, il apprit en un seul jour les éléments du latin et fixa dans sa mémoire, en cinq mois, tout le psautier, afin de se livrer plus librement par la suite à l'étude des arts libéraux.

« En effet, comme l'a écrit M. de la Borderie (1) l'enseignement des sept arts, c'est-à-dire de la *grammaire*, de la *dialectique*, de la *rhétorique* (2), de la *géométrie*, de l'*arithmétique*, de l'*astronomie* et de la *musique*, régnait en Italie et en Gaule dès le ve siècle, et s'y conservait encore florissant à la fin du vi[e]. Martianus Capella, auteur des *Noces de la Philologie et de Mercure*, où il a, dans un cadre poétique assez étrange, tracé les préceptes des sept arts, écrivait au moins au ve siècle, puisque en 534 son texte était commenté et émendé par un maître qui professa tour à tour en Gaule et à Rome (3). Cassiodore, au milieu du vi[e] siècle, résuma

(1) *Histoire de Bretagne*, par M. de la Borderie, p. 526.

(2) Ces trois premières sciences formaient ce qu'on appela plus tard le *trivium* ; l'ensemble des quatre dernières constituait le *quadrivium*.

(3) Securus Melior Felix ; voir à ce sujet Vossius, de *Hist. latin.*, édit. de 1651, p. 713, et *Hist. litt. de la France*, par les Bénédictins, nouv. édit. III, p. 173.

ce programme dans un traité plus succinct (1). Et vers la fin de ce même siècle, Grégoire de Tours, au dernier chapitre de son *Histoire,* nous montre les sept arts formant toujours l'enseignement des écoles de la Gaule (2). »

Les arts libéraux ne constituaient point toutefois le seul objet des études des jeunes Bretons que saint Germain avait emmenés. La formation de saint Brieuc fut aussi solide qu'elle eût pu l'être aux plus glorieuses périodes de l'histoire de l'Eglise. On peut appliquer au monastère d'Auxerre les affirmations du cardinal Pitra dans son *Histoire de saint Léger* sur l'organisation des écoles monastiques depuis le ve siècle jusqu'au VIIIe, bien qu'elles aient été écrites pour le VIIe.

« Les enfants du monastère étaient divisés en deux classes : ceux qui étaient consacrés à Dieu et qu'on nommait les *oblati,* et ceux qui, sans être attachés au monastère, en fréquentaient les écoles; ceux-ci étaient les élèves proprement dits, les *nutriti,* dont le nom nous rappelle la chapelle Palatine. De là deux sortes d'école très distinctes, les unes nommées *claustrales,* pour les seuls *oblati,* et les autres dites *externes* ou *canoniques* pour les élèves libres, soit qu'ils demeu-

(1) Dans son traité des *Arts libéraux*. Cassiodore, né en 470, mourut vers 562.

(2) *Hist. Eccl. Francorum,* l. X, cap. 31, tout à fait à la fin de l'ouvrage.

rassent au monastère, soit qu'ils vinssent recevoir les leçons du dehors ; les unes et les autres étaient florissantes. L'enseignement était le même; la discipline était diverse, mais sévère. Les oblati, plus strictement tenus à l'observance et revêtus de l'habit monastique, étaient l'objet de soins plus paternels et vigilants. Leurs frères du siècle apportaient toujours, au milieu de la solitude, quelque chose de l'air du monde ; aussi quelques conciles semblent regarder ces deux institutions comme incompatibles, et interdire dans les monastères toute autre école que celle des *oblati*. D'autres se plaignent que les études profanes envahissent les cloîtres, qu'on y rencontre des poëtes, des joueurs de harpe, des musiciens, des baladins. On recommandait donc et on étudiait de préférence des sujets plus sérieux, les saintes Ecritures, les secrets des Sacrements et les profondeurs des mystères, les écrits des Pères, en particulier Hilaire, Cyprien, Ambroise, Jérôme, Augustin. Il fallait y ajouter beaucoup des innombrables Pères grecs ; de plus les décrets des canons et le droit ecclésiastique... L'histoire ecclésiastique entrait dans ce plan et prenait rang immédiatement après l'Ecriture sainte et avant les Pères ; la cosmographie accompagnait l'histoire (1). »

(1) Pitra, *Hist. de saint Léger*, p. 101 et suiv.

Saint Brieuc suivit donc au monastère d'Auxerre un cours analogue à celui des étudiants ecclésiastiques d'aujourd'hui dans les petits et les grands séminaires. L'enseignement secondaire et supérieur se donnait à la fois dans ces asiles silencieux, où l'austérité s'unissait au travail pour ouvrir les âmes à la vérité, qu'il faut aimer par dessus toutes choses, pour la bien connaître et la mettre en pratique.

L'étude ne lui fit point oublier la prière et la charité, et les vertus grandirent chez lui en même temps que la science.

Sa charité provoqua le premier événement que choisit le ciel pour manifester sa puissance miraculeuse. A peine arrivé à Auxerre, il ne savait déjà plus résister à la demande d'un pauvre. Tantôt il donnait son manteau, tantôt ses chaussures, tantôt sa tunique, sans craindre de se dépouiller presque entièrement pour recouvrir la nudité de Jésus-Christ, vivant en ceux qui souffrent.

Un jour qu'il se rendait à la fontaine avec une cruche pour y puiser de l'eau destinée aux ablutions des mains de son maître, quelques pauvres malades se présentèrent à lui, en quémandant une aumône. Que leur donner ? Ses mains et sa bourse sont vides. Son cœur est ému. Sans plus de réflexion, avec cet élan primesautier de la générosité qui ne s'arrête point aux calculs, il tend sa cruche aux malheureux et les renvoie pleins de joie dans leur demeure.

Un serviteur du monastère l'a vu, un de ces hommes, jaloux de la vertu des autres, qui cachent leur envie coupable sous les dehors d'un zèle scrupuleux pour les intérêts du prochain. Il court chez l'évêque Germain et lui dit : « Vous ne savez pas ? Brieuc enlève au monastère tous ses biens pour les prodiguer aux pauvres. Il a donné tout à l'heure à de pauvres malades une cruche avec laquelle les Frères avaient coutume de boire. »

Saint Germain demande aussitôt où était le coupable. Tous ceux qui l'entouraient lui répondirent qu'ils ne savaient point où il était, à moins qu'il ne se trouvât avec ses amis intimes, Patrice et Iltut, dont il recherchait le commerce : « Que l'un de vous aille le chercher immédiatement », reprit l'Evêque.

Pendant ce temps, animé sans doute de compassion, un des Frères court à Brieuc et lui raconte ce qui se passe, puis il ajoute en forme de doux reproche : « Pourquoi donc, enfant, distribuer ainsi, à votre guise, aux mendiants le mobilier du monastère ? Pourquoi avez-vous fait aujourd'hui aux pauvres l'aumône d'une cruche nécessaire à vos frères ? »

Brieuc, ému, comme il arrive à cet âge, à la pensée des reproches qui l'attendaient, mais plus encore du désappointement des mendiants auxquels on réclamera son aumône, vole à l'église, se prosterne devant l'autel et supplie le Seigneur, avec larmes et prières, de le tirer d'embarras.

Comme son oraison se prolongeait, il se sentit tout à coup élevé au-dessus de terre par l'élan de son âme vers Dieu. Bientôt, revenant à lui, il parcourut le sanctuaire d'un regard, car il avait peur qu'un témoin eût assisté à cette extase, et il aperçut à sa droite un vase d'airain. Un torrent d'actions de grâces s'échappa de son cœur plein de reconnaissance pour la miséricorde divine : le Maître avait béni sa confiante prière et récompensé sa charité.

Il sort de l'église, rencontre un de ses frères qui le cherche et apprend de lui qu'on l'appelle. Il comparaît devant Germain et, se prosternant à ses pieds, avoue sa faute et sollicite humblement son pardon.

Toute sa délicatesse paraît en cette confession. Au lieu de se glorifier de la faveur du ciel, il s'abaisse comme un coupable.

Germain, feignant l'indignation, lui répond : « Point de paroles inutiles ! Pourquoi avez-vous donné avec ostentation à de pauvres mendiants une cruche nécessaire au service du monastère ? Levez-vous et allez sans retard la chercher. »

Brieuc se lève, sort un instant et rapporte à son

maître la cruche conquise par la prière, et, baissant modestement les yeux à terre : « Est-ce là, dit-il, la cruche que vous me demandez ? » Germain considéra ce vase qui était d'une rare beauté et devina qu'il se trouvait en face de quelque mystère divin. Il comprit que ce don remarquable avait une origine surnaturelle et, se tournant vers ses compagnons, il s'écria : « Cet enfant est plus juste que nous, puisque la grâce divine a ainsi rempli son âme. » — « Ne le croyez pas, maître, répondit Brieuc, car je ne suis que cendre et que poussière. Suivant la parole de Job, « l'homme n'est que pourriture et le fils de « l'homme n'est qu'un vermisseau (1). » Cependant j'ai entendu la parole de l'Evangile : Bienheureux les miséricordieux, car il leur sera fait miséricorde (2). »

Ce pouvoir surnaturel qui se manifestait en saint Brieuc était un don de Dieu, une récompense de ses pénitences et de ses prières. Dès l'âge de douze ans, il infligeait à son corps d'enfant des jeûnes sévères et prolongés. Son âme, éprise de recueillement et de silence, aspirait après le désert, et il eût de grand cœur satisfait ces désirs, si la faiblesse de son âge ne lui avait interdit cette extrême austérité.

Ces pénitences, qui sont presque inconnues des

(1) Job xxv, 6.
(2) Math. v, 7.

plus fervents chrétiens de nos jours, étaient donc familières à cet enfant. N'en soyons pas surpris. En cette matière surtout, il est vrai de dire : Les exemples ont plus d'éloquence que les plus brillantes paroles.

Lorsque saint Germain revenait de ses courses apostoliques pour retremper son âme dans la vie régulière et sainte de son monastère, il menait au milieu de ses disciples la vie qu'il avait adoptée au milieu du monde, où il conservait la sévérité du cloître. Rien ne le détournait au dehors de la règle austère qu'il s'était imposée au dedans.

« Jamais on ne vit changement plus prompt et plus entier que dans Germain, de général devenu prêtre et évêque. Il ne regarda plus sa femme que comme sa sœur, et ses biens que comme ceux des pauvres. Depuis le jour qu'il fut ordonné, jusqu'à sa mort, il n'usa plus de pain de froment, de chair, de vin, de vinaigre, d'huile, de sel, ni de légumes. Il commençait ses repas par prendre un peu de cendre ; puis il mangeait du pain fait avec de l'orge qu'il avait lui-même battue et moulue. Et cette nourriture, pire que le jeûne, il ne la prenait que le soir, quelquefois au milieu de la semaine ; le plus souvent il ne la prenait que le septième jour. Ses habits consistaient en un cilice qu'il portait toujours, une cuculle et une tunique d'une étoffe simple et grossière, sans que la rigueur de l'hiver lui fit rien ajouter et la chaleur de l'été rien ôter. Un carré en planches, rempli de cendres jusqu'au bord, sur lesquelles il étendait un cilice et un sac, était son lit. Il s'y couchait tout habillé et sans chevet, le plus souvent sans ôter ses souliers ni sa ceinture ; car il portait toujours une ceinture de cuir à laquelle était attaché un reliquaire. Il exerçait l'hospitalité envers toutes sortes de personnes, il lavait lui-même les pieds à ses hôtes et leur donnait à manger sans rompre son jeûne (1). »

Voilà le maître de saint Brieuc. Etonnez-vous de l'austérité du disciple. L'abnégation engendrait chez l'un et chez l'autre le dévouement et le don de soi.

Les traits en furent assez saisissants en saint Brieuc, pour fixer après de longues années l'attention de son biographe sur ces incidents de sa jeunesse.

Un jeune homme était allé dans une dépendance du monastère pour l'accomplissement d'un travail dont il avait été chargé. Un des loups, qui abondaient dans les immenses forêts des Gaules, débouche du bois et se précipite sur lui, la gueule ouverte, avec des hurlements féroces. Terrorisé à la vue de

(1) Rorrbacher, *Histoire générale de l'Eglise*, III, 452.

cette bête sauvage, il fuit et, fou de frayeur, gagne la forêt, croyant trouver un abri dans l'asile même de l'animal qui le poursuit. Bientôt, essoufflé, étourdi, n'en pouvant plus, il tombe à terre évanoui et à demi-mort.

Heureusement celui qui gardait les chevaux, qui paissaient près de là dans une clairière, l'aperçut et, après avoir mis en fuite le loup agresseur, il courut prévenir les Frères qui trouvèrent en effet le malheureux jeune homme presque inanimé. Impuissants à lui apporter quelque remède, ils ne purent retenir leurs larmes. « Ne perdez point votre temps à gémir, leur dit Brieuc, mais priez plutôt tous ensemble de grand cœur le Créateur du monde et le Rédempteur très clément de l'homme tombé. »

Après les premiers soins, il commanda à ceux qui l'entouraient de s'écarter un peu et il le fit avec cet autorité que donnait à sa parole l'éclat de sa sainteté. Quand ils se furent éloignés, il se prosterna dans l'attitude de la prière, leva les yeux au ciel et mettant les bras en croix, il supplia le Seigneur avec une ardente ferveur pendant près d'une demi-heure.

Près de lui le jeune homme râlait comme un mourant.

Sa prière finie, Brieuc se releva et s'approchant du malade, il le considéra avec confiance. Quelque crise subite ou la dent du loup, l'histoire ne le dit pas, l'avait réduit tout à l'heure à un lamentable état; mais le calme était revenu et le jeune homme était sauvé.

Brieuc appela ses frères et tous ensemble ils rentrèrent joyeux au monastère, ramenant leur compagnon.

Cette guérison parut assez extraordinaire pour que Germain en rendît grâces à Dieu comme d'une intervention extraordinaire de sa puissance.

Ce recours à la prière dans tous les événements de la vie, nous indique assez quelle était la vie de notre saint.

Son temps se passait à chanter les psaumes et à les méditer, réservant à l'étude le temps qu'il ne donnait pas au Seigneur. L'âme tournée vers le ciel, il restait indifférent aux biens passagers de ce monde et n'aspirait qu'aux trésors éternels, en souvenir de cette parole du Maître : « Ne possédez ni or, ni argent (1) », et de cette autre : « Ne vous préoccupez point du lendemain (2) ».

Son seul souci était de ne donner aucun juste motif de plainte ou de contrariété à personne, car il était pénétré d'une égale affection pour tous, avec un

(1) Math. x, 9.
(2) Math. vi, 34.

sentiment plus paternel pour les jeunes, prêt à rendre service à chacun.

Aussi sa vertu inspirait à ses compagnons une aveugle confiance.

Un enfant, en franchissant une haie, s'enfonce une épine dans le pied. La blessure est profonde. Il va péniblement, en boîtant, vers Brieuc prosterné à l'église, et lui montre sa plaie, en le suppliant de prendre compassion de lui. Brieuc se lève et, puisant de l'eau bénite, il en asperge la partie malade. Aussitôt l'enfant reprend allègrement sa marche.

Ces simples scènes jettent un jour éclatant sur la vie intime de ce monastère d'Auxerre et sur l'esprit de foi et de prière qui en pénétrait les pieux habitants.

« Bien différents des autres jeunes gens de leur âge, qui, formés par les rhéteurs d'alors, ne rêvaient que plaisirs et licence, les clercs d'Auxerre ne disaient pas, au lendemain des grandes catastrophes : « Que nous importe, pourvu qu'on nous fournisse du pain et des jeux (1) ? » Mais, gémissant au fond de l'âme sur les vols et les sacrilèges qui se commettaient, déplorant sincèrement l'aveuglement des vainqueurs

(1) Paul Oron.

et les souffrances des vaincus, ils se préparaient avec plus d'ardeur, par l'oraison, la pénitence et l'étude, à leur œuvre de régénération sociale. Oh ! quel suave murmure de prière, quel délicieux parfum de chasteté, quel écho de généreux enthousiasme devaient sortir de cette école libre et chrétienne, s'il en fut jamais, modeste comme un nid de colombes, mais pleine d'espérance, comme le Cénacle à la veille de la dispersion des Apôtres (1) ! »

Les années s'étaient écoulées, comme s'en vont, pour les élèves du sanctuaire, les mois de leur école de formation. Malgré l'impétuosité des désirs qui les poussent vers la vie active, ils trouvent dans la règle, le recueillement, la prière et l'étude, tant de consolations, qu'ils quittent à regret le Grand Séminaire, où ils reviendront plus tard avec bonheur pour y revivre leur passé.

Il est un terme pourtant aux noviciats les plus réconfortants et les plus doux. La préparation du prêtre n'est qu'un début, et la vie ne commence véritablement qu'avec l'apostolat.

Les manifestations éclatantes de la sainteté de Brieuc, la marche rapide des ans, les nécessités religieuses de l'île de Bretagne l'avertissaient tout à la

(1) Chanoine Ollivier, Supérieur du Petit Séminaire de Plouguernével : *Panégyrique de Saint-Brieuc*, p. 14.

fois que l'œuvre de sa formation était finie et que l'heure du labeur apostolique approchait.

Saint Germain d'Auxerre formait de beaux rêves sur la tête de ce jeune homme ; il trouvait en lui un disciple fidèle appelé à réaliser de grandes choses ; mais il croyait alors n'avoir travaillé que pour le peuple breton. La Providence, qui crée des liens mystérieux entre les événements de nos vies humaines, nous permet de soulever à ce moment un coin du voile qui cache l'avenir.

A la veille de quitter le monastère d'Auxerre pour retourner en son pays, saint Brieuc ne se doutait guère qu'un jour il reviendrait sur cette terre des Gaules, dans la péninsule armoricaine, pour y jeter les bases d'une nation chrétienne. Or, à ce moment même, cette terre armoricaine contractait vis-à-vis de saint Germain d'Auxerre une dette sacrée de reconnaissance.

Aëtius venait de lancer sur ce malheureux pays, coupable d'une noble fierté et d'une courageuse résistance à l'invasion, les hordes cruelles des Alains, sous les ordres d'Eocaric, leur chef.

« Ce chef barbare, écrit M. de la Borderie (1), s'empressa d'obéir aux ordres du patrice ; déjà il était

(1) *Histoire de Bretagne*, I, p. 218.

à cheval, et il avait lancé en avant sa cavalerie bardée de fer.... Sur la voie remplie par ces cavaliers, tout à coup s'avance, marchant en sens inverse et remontant péniblement leurs rangs, un vieillard armé de

CERPUS PRÉSENTE BRIEUC A S. GERMAIN

la croix, portant les insignes des Evêques chrétiens. C'était Germain, évêque d'Auxerre, célèbre, vénéré dans toute la Gaule. Il cherchait Eocaric. Il le trouve enfin chevauchant un peu en arrière de ce premier escadron. Il va droit à lui et le prie humblement par interprète, d'arrêter sa marche et celle de sa troupe. Le païen refuse, l'Evêque insiste ; au lieu de prier, maintenant il ordonne, il réprimande. Même refus du barbare qui pousse son cheval en avant. D'un bras vigoureux saisissant la bride, l'Evêque l'arrête. Frappé d'étonnement, d'admiration, Eocaric fait faire halte à sa troupe, met pied à terre, entre en conférence avec l'Evêque. Il consent à ajourner son expédition, pendant que Germain s'en ira en Italie, trouver l'Empereur et obtenir de lui ou d'Aëtius le pardon *(venia)* des « rebelles ». L'Evêque, en effet, se rendit à Ravenne, résidence d'Honorius. »

Tandis que saint Germain d'Auxerre protégeait ainsi pour un temps les malheureux Armoricains, il préparait pour eux-mêmes ou pour leurs enfants, en la personne de saint Brieuc, un apôtre qui leur apporterait, aux jours de sa vieillesse, une paix plus précieuse que le calme momentané obtenu par son Maître dans son ambassade à Ravenne.

Tout s'enchaîne en cette existence, étroitement liée dès lors aux plus graves événements. Les desseins de Dieu, invisibles encore, dans leur entier épanouissement, au maître comme au disciple, nous paraissent indéniables. Du haut du ciel, saint Germain continuera près de Dieu la mission de charité qu'il avait ébauchée sur terre à Ravenne, et pour un motif plus noble et plus élevé, la régénération et le renouvellement de la péninsule armoricaine. En attendant, saint Brieuc ne songe qu'à sa Bretagne et à ce pays de Valentia, où l'attendent tant d'âmes païennes pour se donner à Jésus-Christ.

« Que de fois, dans sa retraite d'Auxerre, durant ses méditations pieuses, l'image de la patrie, la figure d'un père et d'une mère tendrement aimés et le souvenir de ses chers Coriticiens ne vinrent-ils pas éveiller, dans l'âme de Brieuc, un de ces sentiments, mélange d'amour et de tristesse, qui sont à la fois la joie et le tourment de l'apôtre ? Ce n'était point cette affection égoïste que l'éloignement irrite. Il se prenait à les aimer plus fort. Il leur voulait du bien. Quand donc, repassant les mers, ira-t-il leur porter la parole de vie et les gagner à Jésus-Christ (1) ? »

Le moment est venu : il va partir.

(1) Chanoine Duchêne, supérieur du Petit Séminaire de Tréguier, *Panégyrique de saint Brieuc* prononcé le 19 avril 1896, p. 15.

MISSION DE SAINT BRIEUC

SAINT Brieuc est prêt à recevoir le sacerdoce. Seize années de formation ont développé en lui les énergies de la vertu et la vigueur de l'intelligence. Où s'accomplira cet acte solennel de son existence ? Sur la terre d'exil ou dans sa patrie ? La vie publiée par Dom Plaine nous ferait incliner vers Auxerre, mais les autres sources de l'histoire de cette époque nous entraînent, par rapprochements et déductions, à le placer en son pays.

Les événements religieux y rappelaient le jeune clerc et son maître.

Si le pélagianisme est à peu près mort dans l'île de Bretagne, il trouve encore quelques défenseurs dangereux et renaît sous une forme mitigée qu'on appelle le semi-pélagianisme, inventé à Marseille. D'après *Jean Cassien* et quelques moines de cette ville, la liberté humaine est incompatible avec la nécessité de la grâce gratuite et prévenante pour accomplir un acte utile au salut. Afin de les concilier, ils distinguent l'acte de foi du commencement de la foi, la bonne œuvre du commencement de la bonne œuvre, et ils disent : Le commencement de la foi est ce pieux sentiment en vertu duquel l'homme ne croit pas encore, mais se sent incliné à croire ce qui est nécessaire au salut. Le commencement de la bonne action est cet acte de la volonté par lequel l'homme désire accomplir une bonne œuvre, mais sans la réaliser encore. La grâce, concluent-ils, est nécessaire pour l'acte de foi et l'œuvre bonne, mais non pour leur commencement. De là à proclamer que l'homme mérite ainsi la grâce par les seules forces de sa nature, c'est-à-dire par cette bonne volonté préliminaire, il n'y a qu'un pas. Ils le franchissent avec une fatale logique.

C'est le dernier effort du pélagianisme expirant, et l'île de Bretagne en reçoit le contre-coup.

Saint Germain d'Auxerre retourne dans cette province et saint Brieuc l'accompagne en ce second voyage. C'est donc dans sa patrie qu'il recevra le sacerdoce.

Rorrbacher, dans son *Histoire de l'Eglise*, a résumé cette sainte expédition de Germain :

« Son zèle lui fit oublier les infirmités d'un âge

déjà avancé. Il prit pour compagnon saint Sévère, évêque de Trèves, qui avait été disciple de saint Loup de Troyes, et qui prêchait alors l'Evangile aux peuples de la première Germanie, autrement de Mayence, Strasbourg, Spire et Worms. Les deux prélats prirent leur route par Paris. Les habitants de cette ville ayant appris qu'ils arrivaient, sortirent au-devant d'eux et prièrent saint Germain de leur donner sa bénédiction. Il leur demanda des nouvelles de Geneviève qui, de Nanterre, était venue demeurer à Paris, où elle s'était solennellement consacrée à Dieu, en recevant le voile des mains de l'évêque. Il comprit par les réponses qu'on lui fit, que sa réputation était violemment attaquée par diverses calomnies. Lui qui la connaissait parfaitement, alla tout droit chez elle et la salua si humblement que tout le peuple en fut surpris. Il parla pour sa justification, et, pour preuve de sa vertu, fit voir, à l'endroit où elle prenait son repos, la terre toute trempée de ses larmes. Ayant persuadé toute la foule de son innocence, il continua son voyage et arriva heureusement en Bretagne.

« Les démons qu'il allait combattre y publièrent malgré eux son arrivée. Elaphius, un des principaux habitants de l'île, sans en avoir eu d'autre nouvelle, s'avança au-devant du saint Evêque avec une grande multitude de peuple, et lui présenta son fils, perclus de ses membres, que Germain guérit (1). »

Saint Brieuc passait bien inaperçu à côté de ces grands Evêques qui brillaient alors de tout l'éclat de leur prestige, de leur science et de leur sainteté ; mais son départ d'Auxerre ne s'accomplit pas sans déchirements. Il quittait ses compagnons d'enfance, ses meilleurs amis : « Licentiez-moy, dirons-nous avec la Devison, faute de documents, licentiez-moy de vous dire leurs adieux, leurs larmes, leurs embrassements... ma plume est trop mal taillée pour les pouvoir dignement escrire. »

Dans ce second apostolat de saint Germain en Bretagne, il y a quelque chose de plus important pour l'Eglise que ses miracles et ses prédications. Un large dessein, un plan supérieur, longtemps médité, lentement préparé, s'exécute.

En quelques lignes, M. de la Borderie (2) nous en signale la réalisation, entreprise lors du premier voyage de 430, mais parachevée en cette dernière expédition de saint Germain, dont la vie touche à son terme.

« Il s'était fort occupé de relever dans l'église bre-

(1) Rorrbacher, III, 511.

(2) A. de la Borderie, *Histoire de Bretagne*, tome I, p. 275. Il se base en ce passage sur Constantii, *Vita S. Germani*, lib. II, cap. I; Bide, *Hist.*, I, 21.

tonne la piété, la discipline, et pour cela d'y introduire l'institution monastique des plus anciens et plus célèbres monastères de la Cambrie. Lan-Iltud et Haut-Carban (ou Lancarvan) dans le Glamorgan ; Ti-Gwen sur le Tav, dans le pays de Caer-Mardin ; Bangor Iscoëd, sur la Dee, non loin de Chester (1), durent leur origine, sinon à l'évêque d'Auxerre, du moins au mouvement de réforme suscité par lui. Le fondateur du premier, nommé Iltud (2), l'un des plus célèbres et des plus zélés disciples de saint Germain qui, à son second voyage, lui conféra la prêtrise, doit être considéré comme l'un des premiers initiateurs, et certainement le plus actif, de la vie monastique dans l'île de Bretagne. Sa maison n'était pas moins renommée comme école de lettres que comme monastère ; les petits rois bretons tenaient à honneur d'y envoyer leurs fils. Pas un personnage notable de l'église bretonne au ve ou vi[e] siècle qui n'y ait puisé les principes de la vie religieuse..... Sur l'exemple et l'exhortation d'Iltud, grand nombre de monastères surgirent en Grande-Bretagne, dans toutes les contrées non encore occupées par les

(1) Sur la rive droite de la Dee, dans le Flintshire, sur la limite du comté de Chester.

(2) Lan ou Lann, monastère ou église en ancien breton. Iltud, Ildut, Idult, Ideult et même Ideuc ; forme latine Iltutus, Eltutus, patron de Lanildut, près Brest, et de Saint-Ideuc, près Saint-Malo,

Saxons ; le clergé séculier, peu édifiant, se fit de plus en plus rare ; l'église bretonne presque tout entière revêtit la forme monastique. C'est sous cette forme qu'elle prit part à l'émigration en Armorique. »

Il résulte clairement de cet exposé que saint Germain d'Auxerre, après avoir combattu les erreurs qui empestaient l'église bretonne en 429, avait conçu le dessein de ramener la pure pratique de l'Evangile, dans ce pays, par les institutions monastiques.

La formation attentive de saint Brieuc rentrait dans ce plan.

Il avait de grandes vues sur le rôle des moines, et l'avenir en vérifia la sagesse : aucun évêque de ces temps de transformation n'a eu une conception plus nette des besoins de l'époque et n'a laissé une trace plus profonde, comme le témoignent les nombreuses églises qui lui sont dédiées.

Si le pélagianisme et son succédané, le semi-pélagianisme, agonisaient, ils laissaient dans les âmes des cicatrices mal fermées. Le paganisme n'avait pas dit son dernier mot, puisque les Saxons païens envahissaient l'Est, tandis que les Pictes descendaient du nord dans la patrie de saint Brieuc, la Valentia.

Le clergé, insuffisamment trempé pour ces luttes, participait à la mauvaise organisation de ce pays, où le pouvoir émietté et l'autorité amoindrie se partageaient entre trop de mains. Le peuple, troublé par les invasions et les révolutions, s'abandonnait à ces mœurs faciles, qui se glissent à l'aise dans les villes et les campagnes, au milieu des agitations politiques et sociales.

Au sein même de la famille de saint Brieuc, nous trouverons tout à l'heure un exemple frappant de cette insouciance en face du danger, de ce besoin de chercher dans le plaisir un moyen d'oublier les maux du présent et les menaces de l'avenir.

La nécessité d'institutions fortes basées sur l'Evangile et capables d'en maintenir l'esprit, s'imposait. Partout où le christianisme est amoindri, le champ est ouvert à l'erreur; partout où il est accepté dans la plénitude de ses préceptes et de ses conseils, la vérité ne connaît que des victoires.

Depuis le jour où, pour la première fois, saint Germain avait mis le pied sur le sol de la Bretagne, il avait conçu le rêve de tout missionnaire. Sachant qu'un clergé instruit est le meilleur garant de la foi d'un peuple, il avait préparé en Brieuc, Patrice, Iltut, de vrais ministres des autels. Son exemple et ses leçons avaient toujours porté sur le même point. Vivant en moine, avec des moines, dans le monastère fondé par lui, il avait offert aux efforts de ses disciples l'idéal de la perfection dans une existence monastique, austère et laborieuse. Se doutait-il alors qu'il préparait une évolution décisive de l'organisation ecclésiastique des pays celtiques ?

Pour ces jeunes gens qu'il avait formés, la vie religieuse resta inséparable de la vie sacerdotale. Leur rôle providentiel consista à fonder des monastères qui devinrent, dans l'ordre religieux, ce que le clan laïque était dans l'ordre social.

Partagé en un grand nombre de tribus, sous le règne de petits rois jaloux de leur indépendance, même en face d'un ennemi puissant et organisé, les Bretons avaient dès lors un esprit particulariste qui dégénérait souvent en esprit de coterie et de parti.

Le clergé n'y gardait pas son indépendance, car il y a loin de cette anarchie à la vraie décentralisation.

En fondant des clans monastiques, des hommes comme Brieuc introduisirent une nouvelle force dans ce monde divisé, ils créèrent la puissance religieuse. Ces monastères formèrent de vraies cités, où le prestige moral s'appuyait sur une forte organisation matérielle. Les moines, pasteurs ordinaires des populations, devinrent bientôt, par le rayonnement de leur sainteté et la supériorité de leur intelligence et de leur travail, les directeurs spirituels et les conseillers temporels des peuples et des rois.

Saint Patrice était plus âgé que saint Brieuc, et

passa peu de temps près de lui à Auxerre. Il fut donc prêt avant lui à entrer dans la voie que lui avait tracée saint Germain. Il partit pour Rome et obtint du Pape la mission d'Irlande, dont personne ne s'occupait plus depuis Palladius.

Son plan monastique, qui fut celui de notre saint, apparaît clairement dans quelques lignes des *Moines d'Occident*, de Montalembert :

« ..... Trente missionnaires bretons, recrutés par lui dans la grande île voisine, deviennent ses coadjuteurs ou ses successeurs dans l'épiscopat (1). Après trente-trois ans d'apostolat, il meurt (17 mars 465), laissant l'Irlande presque entièrement convertie, et de plus remplie d'écoles et de communautés destinées à devenir une pépinière de missionnaires pour tout l'Occident (2). »

Le procédé employé par Patrice, pour remplir sa mission, répond donc au plan que nous avons vu naître dans la grande âme de saint Germain. C'est bien ainsi que l'entendra le jeune Brieuc, au milieu de ses compatriotes à demi païens, avant de jeter les

(1) M. Varin, dans son curieux mémoire présenté à l'Académie des Inscriptions sur les *causes* de la dissidence entre l'Eglise bretonne et l'Eglise romaine (1858), a parfaitement démontré que la conversion de l'Irlande par saint Patrice fut vigoureusement secondée et continuée par des moines bretons venus surtout du pays de Galles.

(2) Montalembert, II, 471.

bases de l'Eglise qui seule gardera son nom et sa mémoire sur le territoire de la Vallée-Double, près des rives du Gouët, en Armorique. C'est ainsi que l'entendit Dubricius, qui subit aussi l'action de saint Germain et fut par lui promu à l'Episcopat.

« Dubricius, dont la longue vie, s'il faut en croire la tradition, le rendit contemporain de Patrice et de Palladius... 431-522 (1), est cité comme le premier créateur d'un grand foyer monastique en Cambrie, d'où les colonies religieuses ne cessaient de rayonner au dehors, en Armorique et en Irlande. Ordonné évêque à Llandaff, au midi de la Cambrie, par *saint Germain d'Auxerre,* il finit sa carrière dans le nord comme anachorète, après avoir réuni pendant un temps plus de mille auditeurs autour de sa chaire. Parmi eux, les plus illustres furent Iltut et David (2). »

Or cet Iltut fut précisément celui que saint Brieuc connut à Auxerre, avant de le rencontrer de nouveau en Bretagne. Il fut comme lui ordonné prêtre au second voyage de saint Germain en Grande-Bretagne en 446. Ce n'est donc pas un simple rapprochement, une coïncidence quelconque, qui nous permet de conclure au plan magnifique, par lequel tant de jeunes

(1) Cette date de 431, fixée pour sa naissance, est manifestement fausse, s'il fut sacré par saint Germain qui mourut en 448.

(2) Montal. III, 46.

hommes, savants et saints, établissaient sur des bases inébranlables l'Eglise celtique. L'identité de la formation, suivie de l'exécution des mêmes œuvres, nous permet d'admirer sans obstacle la grande idée réalisée par ces fils d'une même patrie, unis par les liens d'une surnaturelle amitié.

« Iltud ou Eltut, lui aussi disciple de saint Germain d'Auxerre, fonda le grand monastère de Bangor, sur les bords de la Dee, qui devint le centre de la propagande religieuse comme de la résistance politique aux conquérants étrangers : on y comptait sept divisions, chacune de trois cents moines, lesquels vivaient tous du travail de leurs mains. C'était toute une armée (1). »

Nous avons écrit le nom de saint David ; il mérite, en effet, d'être cité avec Brieuc, Dubrice, Iltut, à cause de son étroite affection pour un autre disciple de saint Germain d'Auxerre qui devint son maître et lui transmit la doctrine de l'illustre Pontife. N'était-il pas du reste le compagnon et l'ami de saint Patrice ?

Tous ils rivalisent d'ardeur et de zèle, pour conquérir à la vie parfaite les enfants de ce rude peuple, à qui ils présentent le Christianisme tout d'un coup

(1) Montal. III, 46-47.

dans sa plus sublime beauté. Chacun prend sa part dans ce vaste domaine, au milieu de ces clans, de ces petites royautés qui s'agitent et que Dieu mène, par la souffrance, à la foi catholique, dans toute sa pureté et dans toute sa force.

Saint David, 458-544, qui a joué un si grand rôle parmi les Bretons en organisant des monastères, avait été le président du synode de Brèves, en 519, qui porta le dernier coup à l'hérésie pélagienne, et du synode de Victoria, en 526. Il mourut plus que centenaire, en 544.

« Il fut enterré dans le monastère de Menevia qu'il avait construit à l'extrémité méridionale du pays de Galles, en face de l'Irlande, sur un site qu'avait désigné, trente ans auparavant, saint Patrice, l'apôtre de cette île (1). » — « Le monastère épiscopal qui a gardé son nom, a pour site un promontoire qui sort des flancs de la Grande-Bretagne comme pour s'élancer vers l'Irlande : la légende raconte que, debout sur ce promontoire, Patrice en proie à un accès de dépit et de découragement, avait eu une vision consolante et embrassé d'un seul regard toute la grande île dont Dieu lui réservait la conversion (2). »

Après tous ces exemples, au milieu de cette bril-

(1) Montalemb., III, 84.
(2) Montal., III, p. 54.

lante pléiade de saints, Brieuc ne nous apparaît plus comme un disciple isolé et un représentant unique et original de la formation religieuse d'Auxerre. A l'avance, nous saluons en lui un initiateur, un fondateur, un apôtre dont le nom est inséparable de celui de ses compatriotes qui puisèrent aux mêmes sources spirituelles. Comme Patrice, Dubrice et Iltut, il sera moine et chef de moines, apôtre et père d'apôtres.

Voilà sa mission.

Il la remplira, mais auparavant il reçoit le sacerdoce et ne quitte saint Germain d'Auxerre qu'après son ordination. Ici M. de la Borderie a pu déterminer une date dans la vie de saint Brieuc : « Ce qui fixe l'époque de sa naissance, c'est que saint Germain d'Auxerre, mort en 448, lui conféra la prêtrise très probablement lors de son second voyage dans l'île de Bretagne en 447 : ce qui met la naissance de saint Brieuc en 417 au plus tard (1). »

En Gaule et en Bretagne, à cette époque, l'âge minimum requis pour recevoir le sacrement de l'ordre était trente ans.

Deux jeunes gens s'étaient présentés à saint Germain pour lui demander à recevoir de ses mains

(1) De la Borderie, *Hist. de Bret.*, I, p. 301.

l'ordination sacerdotale : ils s'y étaient préparés par l'étude des arts libéraux et des saintes Ecritures.

Il y avait alors en Bretagne un usage particulier : « L'ordination épiscopale de saint Samson nous révèle un autre trait curieux des mœurs ecclésiastiques de l'île de Bretagne. Les évêques du pays s'assemblent, le jour de la Chaire de saint Pierre (22 février), dans ce monastère de saint Germain, pour consacrer deux évêques ; mais, dit le biographe du saint, « selon l'antique coutume », ils en devaient ordonner trois à la fois (1). Ils en cherchent donc un troisième qui fut saint Samson (2). »

Le texte du manuscrit de Rouen ferait croire que le même usage existait pour l'ordination au sacerdoce, car saint Germain fit appeler son disciple Brieuc et lui demanda s'il se sentait prêt à recevoir le sacerdoce avec ces jeunes gens. Sa réponse fut humble et simple. Il se déclara prêt à faire tout ce que lui commanderait son maître, en qui il avait la plus entière confiance.

Un jour fut choisi, et les trois diacres reçurent ensemble l'ordination sacerdotale.

(1) Venientibus illis episcopis duos apud illos ad ordinandum deferentibus, tertium secundum morem antiquitus traditum, ordinare volentibus. (*Vita S. Samsonis* (VIIe siècle) ; Mabillon, *Acta SS. Ordinis S. Benedicti*, saecul. I, p. 176).

(2) De la Borderie, *Hist. de Bret.*, I, p. 277.

Qui dira les ardeurs saintes qui dévoraient l'âme de Brieuc à ce moment solennel ? Il garda en lui-même le secret des effusions admirables de son cœur en celui de Jésus-Christ ; mais le ciel manifesta sa ferveur. Tandis que l'Evêque, les mains étendues sur sa tête, chantait les oraisons des Saints Ordres, une colonne de feu, qui montait jusqu'aux poutres de la charpente, apparut au-dessus de l'ordinand.

L'Evêque Germain, le diacre qui avait lu l'Evangile et deux Frères, furent témoins de cette merveille. L'assistance aperçut la lueur qui brillait au-dessus de la tête de Brieuc, mais sans se rendre compte du miracle qui s'accomplissait.

Ce fut une consolation très douce pour le Maître, au moment de se séparer de son disciple, de constater quelle flamme de zèle et d'amour divin brûlait en ce cœur. Sa propre fin approchait, puisque, à son retour sur le continent, il mourut à Ravenne, le 31 juillet 448 ou 449. Il se survécut en ses disciples.

A ce moment décisif, l'ange du Seigneur intervint de nouveau dans la vie de saint Brieuc. Une nuit qu'il reposait après les fatigues de longues veilles, il vit en songe un ange qui lui disait : « Retourne dans la patrie d'où tu es venu, parce que tes parents vivent encore. Avec l'aide de Dieu, tu les délivreras de l'erreur du paganisme. »

Déjà les yeux de ses parents s'étaient ouverts à la lumière, au moment de sa naissance, mais cette clarté n'était qu'une aurore. L'œuvre de leur conversion fut parachevée par leur fils. Saint Germain ne chercha pas à le retenir : « Va, lui dit-il, dans ta province, comme il t'a été commandé, car tu seras grand devant le Dieu tout-puissant. »

Ce furent ses dernières paroles. Une suprême bénédiction couronna ces adieux d'une émouvante simplicité.

En le quittant, il lui rappela la responsabilité qui lui incombait dans le relèvement de son pays par la rénovation monastique. Entrevit-il, à ce moment, qu'un jour les barbares rejetteraient saint Brieuc et ses moines vers une terre inconnue ? Soupçonna-t-il la part glorieuse qui lui était réservée sur un rivage qui devait porter son nom ? Son âme de saint eut-elle l'intuition du rôle à venir de son disciple ? L'histoire est muette sur ce point; mais notre regard, en se reportant sur cette scène, ne peut s'empêcher d'associer à cette séparation l'image de cette grande mission.

La préparation est terminée, le labeur commence. Nous allons voir à l'œuvre l'ouvrier du Seigneur.

Brieuc partit avec un seul disciple ; pour monture il prit un cheval, et il n'emporta d'autres provisions de voyage que le nécessaire pour célébrer la sainte messe et pourvoir à sa nourriture d'un seul jour.

Dès le lendemain, il aperçut la mer dans le lointain. Le monastère où saint Germain lui avait conféré l'ordination sacerdotale n'était donc pas loin du rivage.

A ce moment, des pauvres se présentèrent pour lui demander l'aumône. Brieuc descendit de sa monture et la leur donna. Il semblait qu'il eût hâte de se dépouiller de ce qu'il avait possédé pendant une seule journée.

Il arriva enfin au bord de la mer et rencontra des marins qui n'attendaient qu'une heure opportune pour mettre à la voile, et demandaient à Dieu de leur donner un vent favorable. « Pourquoi montrez-vous tant de tristesse, leur dit-il ? »

— « Il y a sept jours que nous avons commencé notre voyage et nous ne pouvons bouger d'ici à cause du vent contraire. » La conversation s'engagea entre eux : ces marins voulaient aller jusqu'au fleuve de Scene et le remonter. « Ayez confiance, s'écria Brieuc en terminant, demain la mer nous sera plus favorable, grâces à Dieu, et nous pourrons naviguer avec rapidité et sécurité. »

Le jour suivant, ils se levèrent de bonne heure et, déployant leurs voiles, ils commencèrent leur traversée, portés par un vent favorable. Ils gagnèrent bientôt le large. Tout à coup des monstres marins se mirent à nager au-devant de leur barque et se précipitèrent sur le navire avec une telle impétuosité, qu'ils semblaient vouloir le renverser. Les marins, pris de peur, implorèrent le secours de l'homme de Dieu qui, voyant leur trouble, leur dit : « Ne vous inquiétez pas et ne craignez rien. » Son secours était toujours la prière : sans plus causer, il entonna le psaume (1) où se trouvent ces paroles : « Dieu garde ceux qui l'aiment et disperse tous les pécheurs. » Arrivé à l'oraison, il conclut par cette prière : « Seigneur mon Dieu, vous qui avez conduit à pied sec à travers la mer Rouge le peuple Israëlite qui fuyait la colère de Pharaon, roi de l'Egypte, protégez cette petite troupe et arrachez-la au choc de ces monstres. »

A sa voix, les animaux marins s'éloignèrent, et le navire, suivant sans dévier sa direction, parvint bientôt au fleuve de Scene.

La barque qui portait Brieuc n'était pas un de ces puissants vaisseaux qui sillonnent en tous sens les mers anglaises, et les baleines, aux coups de queue redoutables, abondaient alors en ces parages. Le frêle esquif, qui portait la fortune, non de César le conqué-

(1) CXLIV, 20.

rant des Gaules, mais de l'Apôtre de nos rives du Gouët, avait donc couru les plus grands dangers, bien que la navigation eût été courte et rapide.

« Le voyage que le biographe de saint Brieuc lui fait faire de Gaule en Grande-Bretagne, se borna en réalité à une traversée de l'un des ports de la Cambrie au golfe de Solway, embouchure de l'*Ituna* (1), par où il rentra dans la Valentia et regagna ses pénates (2). »

Les anges avaient veillé sur lui du haut des cieux.

(1) L'*Ituna* dans la géographie de Ravenne s'appelle *Senna*, nom qui répond au fleuve *Scene* de la *Vie de saint Brieuc* (§ 21, 22).

(2) De la Borderie, *Hist. de Bret.*, I, p. 302.

RETOUR EN VALENTIA

SAINT Brieuc avait vingt-cinq ans lorsqu'il prit le chemin de la maison paternelle avec son compagnon. On était aux derniers jours de l'année, dans cette saison sombre et triste qui donne à cette région de la Basse-Ecosse un aspect de mélancolique grandeur. Brieuc revivait les souvenirs de son enfance, devant ces paysages plus sévères que ceux de la Gaule ; il retrouvait toutes ces impressions qu'une longue absence fixe avec plus de netteté dans la mémoire, et se hâtait vers cette demeure paternelle, où il avait vécu sous la direction douce et forte de Cerpus et d'Eldruda.

Pourtant son cœur ne se laissait pas amollir par cette joie intime : l'enfant était devenu homme ; seize années d'études l'avaient préparé au sacerdoce, et les austérités de la vie monastique avaient imprimé sur son visage une expression grave et digne.

L'année précédente avait été marquée par une atroce

famine, mais sous le coup de la misère, les Valentiens surexcités avaient trouvé un regain d'énergie. Leur pays avait été envahi par les Pictes et les Scots, qui commençaient à se glisser parmi leurs voisins d'une même origine ethnique. En vain les Bretons avaient sollicité l'appui de Rome; en vain ils lui avaient adressé cette plainte éloquente rapportée par saint Gildas :

« A Aëtius, trois fois consul, les gémissements des Bretons. — Les barbares nous repoussent vers la mer et la mer vers les barbares; il ne nous reste que le choix entre deux genres de mort, ou le fer ou les flots. »

Rome restait sourde à leurs gémissements.

Dans cet abandon, au milieu des angoisses de la faim, ils se levèrent comme un seul homme et chassèrent l'envahisseur.

L'année suivante le temps fut propice, les moissons abondantes.

Alors les festins et les fêtes se multiplièrent chez ce peuple à peine échappé à la terreur et à la misère.

Saint Brieuc était en chemin.

Bientôt les horizons lui devinrent plus familiers ; il reconnut les sentiers qu'il avait parcourus tout enfant, les rochers qu'il avait gravis, les bois où il aimait jadis à se perdre : voici la maison paternelle,

Il hâta le pas. Tout à coup une femme, les bras tendus, se précipita sur lui et le couvrit de baisers. C'était sa mère, c'était Eldruda qu'il retrouvait après de longues années de séparation.

Elle le conduisit à son père.

La maison était en liesse. Suivant l'usage du clan, Cerpus célébrait par des festins, des chants et des jeux, les calendes de janvier, c'est-à-dire, dans notre langage moderne, le premier jour de l'an.

C'était une coutume romaine toujours condamnée par l'Eglise, à cause de son caractère païen : elle avait pénétré jusqu'aux extrémités de l'Empire, malgré les condamnations des évêques. Remise en honneur par Julien l'Apostat, elle était pour lui un moyen d'imposer à l'armée des actes de paganisme. Le pays de saint Brieuc n'était pas assez chrétien pour échapper à ces honteuses orgies, et Cerpus n'avait pas encore fait le pas décisif de la conversion définitive au catholicisme. Comme ses compatriotes, il sacrifiait à ces usages qui répondaient à l'esprit breton et à ses principes de large hospitalité.

« Les étrennes remontent presque à la fondation de Rome. Labinius nous a laissé un tableau encore fort ressemblant des réjouissances publiques et privées qui, aux calendes de janvier, mettaient en mouvement les populations des campagnes et des villes. Voici quelques traits de ce tableau : Le premier jour de l'année est la fête des fêtes; tout le monde y prend part, même les marins sur leurs vaisseaux et les criminels dans leurs prisons; celui qui n'a pas d'argent, comme celui qui en a beaucoup, se livre à de folles dépenses, et celui qui toute l'année fait abstinence, se dédommage amplement ce jour-là. Dès la veille des calendes, le forum et les tavernes se remplissent; les présents circulent; on s'embrasse à l'envi; on oublie les haines, les chagrins domestiques et les deuils de famille; c'est une joie immense, un rire universel; la liberté ou, pour mieux dire, la licence est complète. Le soir, personne ne songe à dormir : on passe la nuit à se divertir et à boire. Le matin des calendes, à peine le coq a-t-il chanté que chacun, à commencer par l'empereur et à finir par les esclaves, se pare de son mieux; il y a grande exhibition d'habits brodés et dorés, la pourpre s'étale avec profusion; les dieux eux-mêmes, surtout les dieux du foyer domestique, se ressentent de la fête : on les revêt de leurs plus beaux atours; on s'invite à de grands repas officiels ou à des réunions privées; les jeux sont en permanence dans les théâtres ou dans les palais; les lampions et les branches d'arbres ornent les fenêtres et les portes.

« Les fêtes des calendes de janvier ne cessaient que

par excès de fatigue ; le cinquième jour, elles jetaient encore une lueur vacillante, comme fait une lampe à demi éteinte ; l'on ne se consolait que par l'espoir de voir ces fêtes se renouveler l'année suivante, et chacun répétait avec le poète : « Salut, jour de joie, reviens toujours plus joyeux. » *Salve, læta dies, meliorque revertere semper.*

« Aux yeux des chrétiens, la fête des calendes de janvier était une consécration solennelle aux faux dieux ; c'était aussi une occasion de débauches, de scandales ; c'était encore une exploitation du pauvre par le riche.

« Vous allez, disait saint Augustin en son 198e « sermon, vous allez donc, comme les païens, célé- « brer les *étrennes*, jouer aux dés et vous enivrer ; les « païens prodiguent les étrennes, vous, chrétiens, « distribuez des aumônes..... » Le même saint Augustin nous apprend que, dans les campagnes, la veille des calendes de janvier, les habitants mettaient devant leur porte des tables chargées de mets au service de tous les passants, pour attirer la protection des dieux. Des traces de cette coutume se retrouvent encore en France au VIIe siècle... (1). »

Le moment n'était donc guère propice pour un

(1) *Semaine religieuse* de Cambrai, janvier 1897. Variété : *Les étrennes*, p. 14.

retour à la maison paternelle; mais saint Brieuc ne s'en émut pas.

Il franchit le seuil, tandis que sa mère criait à Cerpus: « Voici notre fils bien-aimé, dont nous appelions le retour depuis si longtemps. » A ces paroles, Cerpus se lève, saisi d'une émotion profonde; il sent ses jambes défaillir sous lui, tant son cœur est dans l'allégresse, et, les larmes aux yeux, embrasse longuement cet enfant chéri.

La première impression passée, le père et le fils s'asseoient et causent longuement, en se communiquant mutuellement les expressions imparfaites d'une joie inexprimable.

Tant d'événements s'étaient accomplis autour d'eux, qu'ils ne pouvaient se lasser de se les raconter; mais sous le fils heureux, sous le jeune homme qui s'associe à la joie de ses parents, le prêtre et l'apôtre vont paraître.

Cerpus invite Brieuc à prendre sa part du festin et n'en obtient pour réponse qu'un refus catégorique. Il insiste, mais en vain : « Ils ne convient pas aux chrétiens de participer aux festins des gentils, » répond Brieuc.

Malgré les merveilles qui avaient entouré la naissance de son fils et le sacrifice de ses idoles en l'honneur du vrai Dieu, Cerpus n'avait pas été instruit

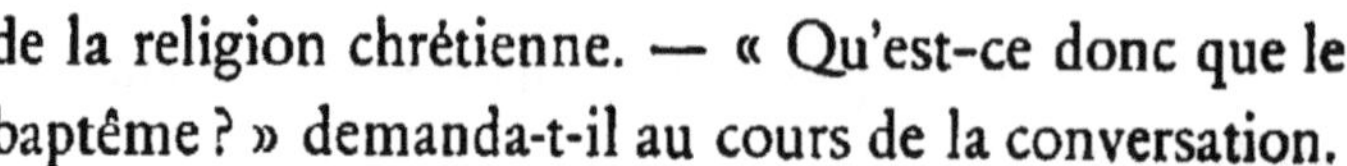

de la religion chrétienne. — « Qu'est-ce donc que le baptême ? » demanda-t-il au cours de la conversation.

Comme il posait cette question, un des convives, qui jouait et dansait, tomba à terre et se brisa le fémur et la main droite. A cette vue, tous les assistants interrompirent leurs danses inconvenantes pour se livrer à la vive émotion que leur causait un tel accident.

Cerpus et Brieuc se hâtèrent vers l'endroit où cet homme gisait demi-mort. Un groupe considérable l'entourait ; les uns s'étonnaient qu'il eût fait une chute si malheureuse, d'autres pleuraient, d'autres enfin s'efforçaient de le relever.

« Pourquoi, leur dit le saint, voulez-vous persévérer dans votre folie ? Pourquoi vous passionnez-vous pour des jeux mauvais qui offensent le vrai Dieu et détournent votre âme de la pensée de la vie éternelle ? Abandonnez, je vous prie, frères bien-aimés, vos erreurs, brisez vos idoles qui vous paraissent avoir une bouche, des yeux, des oreilles et un nez. Elles ne peuvent ni entendre, ni éprouver aucune impression, et ne servent au salut de personne. »

L'occasion était propice pour donner une salutaire leçon à tous ces gens qui s'abandonnaient aux folles joies de la vie ; mais devant le malheur, les réprimandes sont plus irritantes que bienfaisantes.

Dans cet infortuné qui souffrait, Brieuc ne vit plus

le païen qui s'était abandonné à des plaisirs coupables ; il ne reconnut qu'un frère à sauver et une âme à gagner.

Il se tourna vers la foule et lui dit : « Regardez du côté du ciel et du côté de la terre ; voyez la mer et tout ce qui s'y trouve ; sachez que tout cela a été tiré du néant par un seul et souverain ouvrier. Il est le seul Dieu. »

« Convertissez-vous donc tous, confessez vos péchés, recevez le baptême et renoncez à toutes vos idoles. Si vous vous y décidez, je guérirai aussitôt, par l'invocation de Notre-Seigneur Jésus-Christ et le saint nom de Dieu, celui que vous et vos dieux ne pouvez sauver, et vous verrez la gloire du Dieu du Ciel. »

Tous se déclarèrent prêts à obéir, s'ils voyaient le miracle. Seul Cerpus demeura insensible par fidélité aux coutumes idolâtriques de ses pères.

Brieuc ordonna à son disciple de lui apporter de l'eau mêlée d'huile. Après que la foule se fût un peu écartée, il bénit cette eau, en aspergea le corps du malheureux, et, le prenant par la main, le releva en lui disant ces paroles : *Dominus erigit elisos, Dominus solvit compeditos* (1).

Une acclamation enthousiaste salua ce miracle, et

(1) Ps. CXLV, 7.

tous proclamèrent que le Dieu de Brieuc était le seul vrai.

Ce premier succès n'inspira pas à saint Brieuc un désir de repos : l'apôtre est comme les conquérants, son ambition croît avec ses victoires. Paroles et miracles se succédérent, en se prêtant un mutuel appui, pour forcer l'entrée des âmes enténébrées par l'erreur.

Une femme lui arriva un jour, lui amenant son malheureux fils mordu par un chien enragé et devenu fou à la suite de cette morsure. Ce spectacle était assez éloquent par lui-même pour troubler le cœur miséricordieux de Brieuc; la mère y ajouta ses larmes et ses prières. D'un côté, voilà ce jeune homme écumant de rage. Il a fallu l'enchaîner. Incapable d'assouvir sa colère sur d'autres,il se déchire cruellement la langue avec les dents. De l'autre côté voici cette femme qui, après avoir déposé son fils aux pieds de l'homme de Dieu, ne songe, suivant cette inclination naturelle à la femme sans foi, qu'à recourir à des moyens illicites pour arriver à ses fins. Elle demande à Brieuc s'il connaît la magie et l'art de s'en servir pour secourir le malade: remède pire que le mal. Sans écouter aucune leçon, aucune admonestation, elle continue ses supplications.

Brieuc, sans s'irriter de son inconvenante insistance, lui répond publiquement avec humilité : « Je ne suis pas un sorcier et je n'ai pas appris de mon maître la magie; mais si voulez croire de tout votre cœur à Notre-Seigneur Jésus-Christ, le vrai Dieu, vous pourrez obtenir de sa bonté et de sa grâce la guérison de votre fils. »

L'amour maternel l'emporte enfin sur l'attrait de ses préjugés et de ses erreurs, et elle déclare qu'elle adhère de tout son cœur aux paroles qu'elle vient d'entendre. Le saint, mettant le doigt dans la bouche du malade, attire à lui au dehors la langue tuméfiée, la bénit par un signe de croix et, délaçant les liens qui retiennent cet enragé, le rend complètement guéri à sa mère.

Profitant de la juste émotion des témoins de cette scène miraculeuse, il leur ordonne un jeûne de sept jours et les convoque en ce même lieu pour le huitième. Pendant ce laps de temps, il annonce à son père la parole de vérité et de salut, et, par des discours pleins de douceur, l'excite à donner son adhésion et sa foi aux véritables croyances.

Il avait, en effet, confiance en Dieu seul dont la prière et le jeûne appellent le secours. L'erreur du pélagianisme qui infeste encore tant d'âmes, sans qu'elles s'en doutent, n'avait aucune prise sur son cœur. Soucieux d'être un instrument aussi docile que le désirait Notre Seigneur Jésus-Christ, il se sentait pénétré de ces paroles de saint Augustin :

« La parole avertit l'homme et le prépare à apprendre ; mais notre seul Maître, celui qui nous révèle la vérité à l'occasion de la parole, c'est celui qui vit et règne au-dedans de nous, c'est le Christ.... »

Aussi n'est-il pas besoin d'ajouter que le huitième jour de cette retraite, une foule nombreuse se convertit et se trouva au rendez-vous. Après le labeur de la pénitence et de la prière, commença la moisson. Brieuc instruisit ce peuple, le convainquit, lui arracha une résolution définitive et lui conféra le saint baptême.

L'élan était donné, et ses prédications, au milieu de ses compatriotes, multiplièrent les conversions.

Sa mission fut longue et laborieuse. Il n'était pas facile d'atteindre ces populations dispersées à l'intérieur des terres ou sur les rivages ; et lorsqu'on parvenait à les réunir dans quelque cabane, il était plus difficile encore de les arracher à leurs vieilles coutumes, pour les assouplir au joug de l'Evangile et à la discipline de l'Eglise ; peuplades à moitié sauvages, elles résistaient à la parole ; elles ne s'inclinèrent que devant les miracles et les vertus du prédicateur. Ces miracles les touchèrent particulièrement ; c'est pour elles et pour les secourir, que presque toujours ils avaient lieu. Tantôt c'était un blessé dont le saint cicatrisait les blessures, tantôt des affamés qu'il sauvait, par quelque prodige, de la misère et de la faim.

Cerpus lui-même se décida à la dernière et décisive démarche qu'il avait déjà si bien préparée, au moment des visites de l'ange à son épouse. De son côté, Eldruda n'eut plus qu'un désir : tout quitter pour suivre Brieuc et l'aider dans son apostolat ; mais ses voisins et ses amis la conjurèrent, au nom de son rang, de ne pas se condamner à vivre comme une veuve, du consentement et du vivant de son mari.

Ce désir ne doit pas nous surprendre, puisque nous avons vu la Sainte Vierge et les saintes femmes suivre souvent Jésus, les apôtres et les disciples, pour se vouer à leur service, au milieu de leurs courses apostoliques. Plus tard, à l'exemple du Maître, lorsque saint Tugdual se décida à émigrer sur la terre d'Armorique, à la suite de ses compatriotes les Dumnonii, il emmena avec lui soixante-douze moines et un grand nombre de serviteurs et de laïques, et il accepta la compagnie de sa mère Pompæa ou Pompaia, appelée souvent par la suite Copaia et Coupaia, sœur de Riwal, roi de la Domnonée ; de sa sœur Sena ou Seva, et de Maëlhen, une pieuse veuve.

Après avoir accompli cette œuvre d'évangélisation de ses compatriotes, Brieuc s'occupa de pourvoir au service religieux, en construisant des églises dans la région. Cette organisation suppose qu'il avait déjà des disciples qu'il pouvait envoyer de tous côtés pour administrer les sacrements.

Brieuc n'était déjà plus ce prêtre isolé qui, après avoir reçu le sacerdoce, regagnait la maison paternelle. Des chrétiens s'étaient groupés autour de lui : Quelques-uns d'entre eux étaient devenus ses disciples. Il réalisait le plan monastique de saint Germain ; ainsi, maître en la perfection évangélique, il en propageait autour de lui les principes. Cette nouvelle étape de sa vie fut décisive, car elle prépara en lui le fondateur de la ville et du diocèse de Saint-Brieuc, c'est-à-dire le chef du monastère de la Vallée Double.

Le centre de l'activité de saint Brieuc en Valentia fut le monastère de *Grande Lande,* qu'il fonda avec le concours de la fortune paternelle. Il y dépensa de grandes sommes, dit son biographe, mais avec beaucoup de sagesse et d'habileté.

C'est de ce monastère qu'il emmena, à l'heure fixée par la Providence, cette nombreuse colonie qui, poussée par le vent et la marée, remonta le Gouët, quelques années après, pour faire une nouvelle fondation.

C'est dans cette communauté qu'il traça les règles de l'institut monastique qui renouvela l'aspect du territoire de la Vallée Double, et fit de ce pays, presque entièrement dépeuplé, le centre d'un diocèse aux limites indéterminées.

En étudiant bientôt saint Brieuc sur le sol de l'Armorique, nous aurons l'occasion de rappeler les traits de son séjour à la *Grande Lande* qui ont échappé à l'oubli, et nous essaierons de reconstituer en une rapide esquisse la physionomie de ces cités de cénobites, d'un caractère si particulier, si curieux et, ajoutons-le, si breton.

De l'année 447 à l'année 484, c'est-à-dire pendant la période de pleine maturité de saint Brieuc, l'histoire a conservé le souvenir de deux faits : la conversion de ses compatriotes et la fondation d'un monastère. Quelques traits merveilleux de son gouvernement religieux illustrent seuls d'une lumière incomplète cette partie la plus importante de sa vie ; n'en ayons qu'un demi-regret, cette période est aussi pour nous la moins intéressante, car elle s'écoule tout entière loin des Gaules et de notre péninsule armoricaine.

Elle lui acquit cependant des titres à la reconnaissance d'un peuple qui marche aujourd'hui à la tête de la civilisation et du progrès. Aussi pouvons-nous appliquer à saint Brieuc les éloquentes paroles que Montalembert consacrait à saint Ninian, le premier apôtre de la Valentia. Derrière les splendeurs de la prospérité contemporaine, il est juste de chercher les ouvriers obscurs qui, dans les siècles lointains, la préparèrent par leur action religieuse, matérielle et morale.

« Qui donc, en parcourant de nos jours l'Ecosse méridionale, des rives du Solway à celles du Forth et de la Tay, en passant des gigantesques métropoles de l'industrie aux campagnes fécondées par tous les perfectionnements modernes de l'agriculture, en rencontrant partout les preuves et les produits de la civilisation la plus raffinée, qui donc songe encore aux obstacles qu'il a fallu surmonter pour arracher cette contrée à la barbarie ? »

Pendant la nuit sacrée de la Pentecôte, aux environs de l'an 484 ou 485, Brieuc avait prolongé sa prière après la fin du saint office, et, gagné par une fatigue extrême, s'était endormi. L'ange du Seigneur, qui avait été constamment, même avant sa naissance, l'interprète des desseins de Dieu sur sa vie, lui apparut : « Il faut que vous entrepreniez, lui dit-il, un pénible voyage au-delà de la mer, dans les pays romains, pour donner à d'autres les règles et l'exemple d'une vie religieuse et sainte. »

A peine avait-il prononcé ces paroles, qu'il disparut, laissant dans le sanctuaire un céleste et suave parfum.

A son réveil, le matin, Brieuc raconta à ses frères ce que l'ange lui avait appris, et l'opinion unanime fut qu'il fallait au plus tôt obéir aux commandements de l'envoyé du Seigneur. Devons-nous voir dans cette vision évangélique une communication miraculeuse des esprits célestes avec les hommes, que nous trouvons souvent dans la *Vie des Saints ?* Y reconnaîtrons-nous seulement une de ces inspirations intimes de l'Esprit Saint qui conduit les âmes de bonne volonté ? Lorsqu'un chrétien, comme saint Brieuc, a combattu longuement ses passions par la pénitence, ses préjugés et sa volonté propre par la méditation, l'obéissance et la prière, lorsqu'il est dans la disposition d'accomplir la volonté de Dieu, telle qu'elle lui apparaît à chaque instant de sa vie, il est vrai de dire et d'affirmer qu'un souffle divin conduit sa barque à travers les écueils et les tempêtes.

Il n'hésita pas et, disant adieu à ses frères, il se dirigea vers le port le plus voisin et s'embarqua avec cent soixante-huit disciples.

Ce seul chiffre indique l'importance du monastère de Grande Lande, assez nombreux pour fournir un tel essaim.

« Un monastère breton ou scotique du VIe siècle (1)

(1) La Borderie, p. 508.

renfermait presque toujours une population nombreuse, au moins cent cinquante personnes, souvent bien plus ; dans le monastère de Saint-Cado (Haut-Carban ou Lancarvan), il y en avait trois cents ; plus de deux mille dans celui de Bangôr, au pays de Galles ; en Irlande jusqu'à trois mille, à Clonard, sous la direction de Finnian ; et tout autant un peu plus tard à Clonfert, sous celle de saint Brandan (1). Il est vrai que ces phalanges monastiques comptaient bien des degrés et des classes diverses (2). »

« . . . . . . Nous n'avons pas la preuve directe que la population des monastères bretons d'Armorique ait atteint les chiffres si élevés signalés plus haut dans ceux de l'Irlande et de la Bretagne insulaire. Saint Tudual et saint Lunaire abordèrent l'un et l'autre aux côtes d'Armorique avec soixante-douze disciples ; mais, nous l'avons déjà remarqué, ce nombre, imité de celui des disciples de Jésus-Christ, a pour but d'indiquer une grosse troupe de moines plutôt qu'un chiffre précis. Saint Magloire en emmena soixante-deux pour fonder son monastère dans l'île de Serk. Saint Paul-Aurélien, en débarquant dans

(1) Voir pour Haut-Carban, *Vit. S. Cadori*, § 15, dans W. Rees, *Cambro-British Saints*, p. 45 ; — pour Bangôr, Bède, *Hist. Eccl. Anglor.*, livre II, chap. 2 ; — pour le reste, M. Skene, *Celtic Scotland*, II, p. 60 et 61.

(2) De la Borderie, *Histoire de Bretagne*, I, p. 508.

notre péninsule, était accompagné de quatorze prêtres. Saint Gwennolé n'en avait eu que onze pour fonder Landevenec. Mais ces chiffres — en particulier les deux derniers — sont ceux de la première fondation, qui ne purent manquer de s'accroître beaucoup, dès que les établissements auxquels ils se rapportent furent solidement assis. En outre, ces chiffres ne s'appliquent qu'aux moines plus ou moins engagés dans les ordres ; or, en Grande-Bretagne et en Irlande, les communautés ou familles monastiques comprenaient des laïques en grand nombre, et l'on n'a aucun lieu de douter qu'il n'en fût de même en Armorique. »

« Ainsi, selon la *Vie de saint Cado*, on défrayait d'ordinaire à Haut-Carban 100 clercs, 100 chevaliers (c'est-à-dire 100 laïques de condition libérale), 100 ouvriers (operarios), autant de pauvres. « C'était là, ajoute la *Vie*, le nombre de la famille de Haut-Carban, sans compter les serviteurs et les hôtes journaliers, dont le nombre était incertain. » Laissant de côté les pauvres, il reste que le chiffre des moines clercs représente à peine le tiers de la famille monastique (1).»

Ces explications étaient nécessaires pour faire com-

(1) De la Borderie, *Hist. de Bret.*, I, p. 508.

prendre à la fois et l'importance et le rôle social des instituts monastiques en pays breton. Ce n'était point seulement un groupe de moines qui partait ainsi pour les rives du Gouët, mais bien plutôt le germe d'une cité et le berceau d'un peuple.

L'union de l'austérité, de la prière et du travail, assurait à Brieuc et à ses compagnons un rôle de patrons et de fondateurs sur un sol d'où ils tirèrent, non seulement leur maigre subsistance, mais l'abondance pour la nombreuse clientèle qui chercha près du monastère une assistance spirituelle et matérielle.

Suivons donc avec sollicitude sur les flots cette barque qui emporte non point César et sa fortune, mais l'avenir d'un peuple.

Les débuts de la navigation furent heureux, car un vent favorable permit de parcourir sans encombre la moitié de la route.

Tout à coup la barque s'arrêta, comme si elle était retenue par une ancre. Les mariniers se précipitèrent de tous côtés pour chercher la cause de cette surprenante immobilité. Ils n'en trouvèrent aucune. Le trouble et la frayeur les saisirent. Dans leur impuissance, ils recoururent aux prières des moines. Pendant leurs oraisons, un marinier grimpa dans la mâture pour vérifier l'état de la voilure et vit devant le navire un monstre qui en arrêtait la marche. Les marins se crurent perdus ; mais Brieuc priait. L'écueil vivant disparut.

L'ange de la paix veillait sur les pieux voyageurs et le voyage finit sans encombre.

Leur barque vaste, mais légère et fragile, avait échappé à tous les dangers d'une navigation difficile.

Terre ! Terre ! voici les côtes de l'Armorique !

ARRIVÉE EN ARMORIQUE

« UN jour, du haut de nos falaises, on aperçut au large une blanche voile déployée, et, suivant toute apparence, poussée par une de ces brises mystérieuses, qui si souvent alors étonnaient les flots de la mer armoricaine (1). »

C'était en l'année 485, peu de temps après la vision miraculeuse de saint Brieuc pendant la nuit de la Pentecôte. Plusieurs années auparavant, d'autres voiles avaient brillé sous les rayons du soleil à l'horizon de nos côtes. Elles avaient amené au fond de la baie d'Yffiniac ou près de l'antique emporium de Cesson, non loin des villas de Port-Aurèle, des guerriers à la physionomie étrange.

Cette fois, une grande barque portant cent soixante-huit moines arrivait en vue des promontoires entre lesquels s'ouvre la baie de Saint-Brieuc.

(1) Chanoine Ollivier, *Panégyrique de saint Brieuc*, p. 19.

« Embarquons-nous, dirons-nous avec un auteur aimé, vénéré et toujours pleuré (1), vers le déclin du ve siècle, avec l'apôtre Brieuc, sur ce frêle esquif qui porte à sa proue le bâton pastoral, marche en tête d'une flottille de moines psalmodiant, et *dévallons*, suivant l'expression pittoresque d'Albert Le Grand, cette baie qui creuse profondément notre terre armoricaine, pour aborder, avec le flot, les pieds verdoyants de la Vallée Double.

« Ce paysage si enchanteur aujourd'hui, qui vous suit de la grande mer jusqu'au pont du *Gouët*, ne devait pas non plus manquer de charme en ce temps-là, alors qu'une nature vierge y déployait sans contrainte sa luxuriante parure. Rochers abrupts, chênes séculaires, végétation échevelée se mirant dans les flots, dolmens et menhirs, jetés çà et là comme un défi aux savants de l'avenir, oiseaux chanteurs, bêtes fauves, hôtes de ces grandioses solitudes, ne valiez-vous pas mieux pour l'artiste ami des temps passés, que cette civilisation plus pratique, il est vrai, mais plus prosaïque aussi, d'un bassin à flot ou d'un railway ?

« Que restait-il, lorsque saint Brieuc et ses moines se laissaient doucement porter à la grâce de Dieu,

(1) Vicomte Arthur du Bois de la Villerabel, *A travers le vieux saint Brieuc*, p. 6.

vers la rivière du *Sang* (le Gouët), que restait-il du *Castrum* de Cesson, bâti par les Romains et sur les assises duquel le moyen-âge devait élever ce donjon dont nous admirons les ruines ; de cet *em-*

ORDINATION DE SAINT BRIEUC (p. 79)

porium, où les marchands de Massilia et de Carthage étaient venus trafiquer avec nos peuplades d'Armor, durant l'occupation romaine ? Bien peu de chose sans doute, quelques pans de murailles, quelques tronçons de voies pavées, cachés sous la ronce et le lierre..... Cette sollitude n'effraie pas Brieuc, et lorsque sa flottille s'arrête, faute d'eau, à la naissance de la *Vallée Double,* il prend terre et plante la croix, en face de cette nature redevenue vierge et que les prodiges de sa foi et les labeurs de ses religieux vont bientôt féconder. »

La digue qui détourne la rivière du Gouët jusqu'au rustique moulin de Souzain, à travers une avenue d'arbres dont le feuillage forme berceau sur les eaux qui le mirent, n'empêchait pas alors la marée d'atteindre jusqu'à ce point avancé de la vallée.

Entrevoyons, à travers les textes, le spectacle curieux de ces moines, choisissant pour toujours le lieu de leur résidence. Ils regardent autour d'eux, examinent la disposition du terrain, la vigueur des arbres, les apparences de fertilité du sol. L'heure est décisive. De leur résolution dépend la prospérité de leur fondation dans l'avenir. Sans doute le lieu de leur premier arrêt ne sera peut-être pas l'emplacement définitif de leur résidence; mais il marquera la région où ils la fixeront, selon toutes les probabilités.

Comment ne pas songer, en voyant cette scène, à l'invasion du Far-West par les premiers colons américains, allant et venant, supputant en quelques heures les avantages et les inconvénients d'un terrain encore vierge, dont ils calculent les facilités de transformation.

Ce va et vient de cent soixante-huit moines, cette inspection rapide et attentive, ces réflexions et ces observations de religieux qui peuvent tailler à même, dans cette immense forêt, à peine percée par les derniers restes de voies romaines, offrent un tableau animé, digne de fixer l'attention du narrateur (1).

Au moment où ils viennent de tirer sur le rivage la barque qui les a amenés, ils jettent un regard autour d'eux. D'un côté se dresse à pic la colline de Plérin. Nous la gravissons aujourd'hui par la côte de Bon-Repos, au milieu de laquelle la rustique et pieuse chapelle de la sainte Vierge, invoquée sous ce nom si réconfortant, sert d'étape à l'ascensionniste fatigué. De l'autre, entre des collines d'une altitude un peu moindre, une subite dépression livre passage à un petit ruisseau, entre des fourrés épais. En avant et en arrière, la vallée étroite du Gouët ouvre à la rivière ses marécages transformés aujourd'hui en prairie, ou ses prés salants que couvre la mer aux jours de pleine et de nouvelle lune.

(1) *Ex vita S. Brioci* (La Devison, *La vie et les miracles de saint Brieuc*, 1627, in-18, demi-partie, p. 14 et 15), Illustrantibus illis (*i. e. S. Brioco et sociis*) arboreta maxima curiosius, annosaque fruteta circumquaque perscrutantibus, in vallem binam deveniunt.

Ils n'hésitèrent pas et s'engagèrent dans cette dépression dont la vieille côte du Pont de Gouët occupe aujourd'hui le fond. C'était une pacifique armée, montant à l'assaut de ces coteaux, qu'elle conquit un jour à la culture. Sur leurs épaules, ils portaient les provisions, instruments et agrès de leur grande barque, qu'ils avaient traînée sur la rive et mise à sec, en fixant solidement l'ancre dans le sol.

Leur costume était des plus simples (1). Il consistait en une tunique qu'ils avaient recouverte d'une sorte de manteau en peau de chèvre, au poil rougeâtre tourné au dehors.

A mi-côte, ils tournèrent au sud-ouest, à l'entrée du vallon compris entre le Tertre-Buette et la colline de Montbareil, et rencontrèrent une belle fontaine d'eau limpide et abondante auprés de laquelle ils s'arrêtèrent.

(1) « Le costume des moines bretons de cette époque était une *tunique* de laine gardant sa couleur naturelle et par dessus un surtout très large, dit *coule*, en peau, le poil en dehors. D'après le texte, Brioc et ses compagnons portaient des vêtements bruns ou roux à poil (*rubeas ac hispidas vestes*), expression, remarque M. de la Borderie, « qui se rapporte à la teinte fauve du poil de chèvre. » (*Hist. de Bretagne*, I, 300. 514.) — Il est curieux qu'un costume analogue ait été conservé par les moines de Landévenec jusqu'aux premières années du xe siècle. On peut voir combien leur costume étonna Louis Le Débonnaire, qui leur prescrivit de suivre la règle de saint Benoît, déjà vieille de près de quatre siècles. (*Cart. de Landévenec*, Ed. de M. de la Borderie, p. 75). » — Note de M. Trévédy, *La Fontaine de Saint-Brieuc*, *Indépendance Bretonne*, vendredi 22 janvier 1897.

« Les actes de nos saints Bretons, si fructueusement étudiés de nos jours, nous rendent bien en général la topographie des lieux et nous permettent de reconstituer assez facilement nos paysages primitifs. Ce terroir de la Vallée Double, où Brieuc porta ses premiers pas, et que plusieurs de nos annalistes ont placé entre le Gouët et le Gouëdic (voir même l'Urne), ce terroir se reconnaît lorsqu'on se reporte au texte de la légende de notre saint, dans les replis de terrain d'où sort, comme un éperon, le promontoire compris entre la *rue du Légué* et le chemin qui conduit à la *Fontaine Notre-Dame* (1). »

Une note précieuse donne ces détails et complète l'identification des lieux signalés par la légende avec ceux qui nous sont indiqués.

« Les *fontaines de saint Brieuc,* dont parle la légende, bordent toujours le bas du chemin vicinal qui les surplombe, à l'extrémité de l'enclos de Montbareil. Sans caractère aujourd'hui qu'elles sont veuves d'une antique chapelle qui les abritait, elles étaient bien autrement pittoresques jadis, lorsqu'il n'y avait à les séparer qu'un étroit et verdoyant sentier, montant du Gouët à la riche source de Fontaine-Orel (2),

(1) Vicomte du Bois de la Villerabel, *A travers le vieux Saint-Brieuc,* p. 14.

(2) Il y aurait matière à un rapprochement curieux entre le nom de la Fontaine-Orel, avec celui de cette villa bâtie au bord de la grève actuelle de

bientôt dédiée à la Vierge Marie par l'apôtre Brieuc. Ce fut là, sur les bords de cette fontaine sacrée des druides d'Armor, que notre saint voulut habiter et qu'il bâtit cet oratoire, que devait transformer, au XVe siècle, *Margot* de Clisson, comtesse de Penthièvre, l'héroïne de tant de nos légendes. »

Avant que saint Brieuc allât chercher, près de l'antique fontaine des Druides, l'emplacement d'un oratoire dédié à la Vierge Marie et des premières cabanes de ses moines, un incident imprévu se produisit un peu plus bas, près de la fontaine où il s'était reposé, appelée depuis Fontaine des Ardents ou Fontaine saint Brieuc (1).

La Providence, qui a conduit le saint jusqu'à ce rivage, va y fixer sa destinée par une étrange rencontre.

« En discourant avec ses religieux, saint Brieuc

Saint-Laurent, qui s'appelait Port-Orel ou Port-Aurèle. Ce repli de vallon, occupé par saint Brieuc, aurait-il auparavant séduit les Romains ? Saint Brieuc l'aurait-il choisi parce que les dernières traces de l'occupation romaine auraient rendu plus habitable ce coin de terre arraché déjà à la forêt pendant les siècles précédents et imparfaitement reconquis par elle ?

(1) « Au moyen-âge, l'eau, à la sortie du rocher, était recueillie dans une auge formant réservoir, qui se déchargeait dans un bassin plus large et bordé de marches de pierre. Attribuait-on à ces eaux une vertu curative ? Il semblerait, puisque les pèlerins de Notre-Dame venaient là se baigner les pieds, et surtout les malheureux pris du *mal des Ardents*, mal épidémique dit aussi feu de saint Antoine, parce qu'un ordre religieux, dit les Antonins ou de saint Antoine, se chargea du soin des *Ardents*. — Ce mal était, selon quelques-uns, l'ergotisme gangreneux. » (Trévédy, *Indépendance bretonne*, 24 janvier.)

fut fortuitement apperceu (1) par un chasseur poursuyvant une beste, lequel appartenoit au comte Rhigall, seigneur de ce pays, qui pour lors habitoit ceste coste, faisant sa demeure en une maison qu'il avait fait bastir dans la forest, pour jouir plus à souhait des contentements de la chasse. »

Jugez de la surprise de cet homme, débouchant subitement dans la clairière auprès de la fontaine, et y apercevant cette troupe de moines aux vêtements étranges. Il crut à une invasion d'étrangers venant disputer à Rhigall son territoire, et, presque sans s'arrêter, leur demanda la raison de leur présence.

Son langage breton fut aussitôt compris de Brieuc, qui répondit :

— Nous venons d'outre-mer ; nous ne voulons que servir et honorer le vrai Dieu.

Il eût ajouté sans doute des détails plus précis, si l'autre lui en avait donné le temps. Mais, pressé de dénoncer cette invasion à Rhigall, son maître, le chasseur détala au grand galop, sans vouloir écouter le reste.

« Rhigall était souffrant d'humeur chagrine. Indigné de voir une troupe d'étrangers s'installer sur ses domaines sans son autorisation, il donne l'ordre à

(1) La Devison, *Vie de saint Brieuc*, édit. de 1627, p. 84.

quelques-uns de ses satellites d'aller de suite les expulser de la Vallée Double. Sitôt après leur départ, les douleurs du comte redoublent. Il se reproche la rigueur de ses ordres et dépêche un exprès pour les changer. Au lieu de chasser de ses domaines ces étrangers, il veut qu'on les lui amène au champ du Rouvre.... Sur le message précipitamment envoyé par celui-ci et contredisant ses premiers ordres, Brioc prend douze de ses moines et se rend aussitôt au champ du Rouvre. Dès que Righall l'aperçoit :

« — Tiens, s'écrie-t-il, mais c'est Brioc, mon cousin, le grand docteur chrétien si renommé chez les Bretons d'outre-mer ; Dieu l'envoie sans doute pour me guérir. » — Tous deux s'embrassent avec effusion. Brioc fait boire à Righall de l'eau fraîchement bénite à son intention, qui lui enlève aussitôt toutes ses douleurs. Righall, par reconnaissance et pour retenir Brioc auprès de lui, lui donne son manoir du champ du Rouvre et tout le *plou* qui en dépendait, s'étendant jusqu'à la rivière d'Urne. Lui-même se retire dans l'autre division de son domaine comprise entre l'Urne et le Gouëssant, formant le plou d'Helion (aujourd'hui Hillion). Rhigall avait là un autre manoir, élevé peut-être sur les ruines d'une ancienne villa romaine appelée *Vetus Stabulum,* Vieille Etable. Quand le comte, chef du *plou*, y fixa sa résidence, le nom changea, ce lieu devenant le siége de l'autorité qui régissait le plou d'Helion, *Aula Helioni*, en breton *Lis-Helion*. Ce nom subsiste encore dans un village de cette paroisse et marque ainsi pour nous, après quatorze siécles, le séjour du vieux Rhigall (1). »

Cette concession de Rhigall ne se fit pas en un jour. Sa maison du champ du Rouvre occupait une clairière arrosée par les eaux abondantes de multiples fontaines : toutes les collines environnantes, sur lesquelles s'étagent aujourd'hui les quartiers de Saint-Michel, de la Gare, de Saint-Charles et de la Corderie, formaient, autour de l'espace occupé aujourd'hui par la Cathédrale et le fond de la cité, un amphithéâtre qui n'avait d'ouverture que du côté de la pente de la Vallée Double, par où descend la rue du Légué. Là, dans ce fond abrité en plein cœur de la forêt qui occupait les pentes et les plateaux environnants, il était tout à la fois à l'abri des brises trop âpres de la mer et de l'air trop vif des hauteurs. Ses hommes s'étaient établis autour de lui. Leurs cabanes, sommairement construites avec le bois de la futaie, étaient groupées autour de sa demeure, *aula Campi Roboris* ou Cour du Champ du Rouvre, plus solidement établie en gros madriers.

(1) De la Borderie, *Hist. de Bret.*, p. 300 et seq.

Ce changement de résidence ne s'accomplit donc pas d'un seul trait. Les moines de saint Brieuc se groupèrent provisoirement autour d'un oratoire, dédié à la Mère de Jésus, comme la fontaine près de laquelle il était bâti.

La première pensée de saint Brieuc fut en effet de consacrer son oratoire à la Très Sainte Vierge. A l'aurore de notre histoire, la douce figure de Marie apparaît donc au-dessus du berceau de cette cité pour veiller sur elle. En ces âges lointains, l'âme des saints cherche déjà un intermédiaire près de Jésus en cette créature surhumaine, fille de l'homme et reine des anges, que la maternité divine a tellement élevée au-dessus des autres œuvres de Dieu, qu'il n'y a pas de vraie foi sans son amour et de religion pure sans son culte. Est-il rien de plus doux et de plus consolant dans nos souvenirs que cette scène du premier évêque de cette cité, incliné dans un modeste sanctuaire devant une image de Marie, pour lui consacrer ce sol sur lequel il apportait l'Evangile ? Notre siècle a hérité plus que tout autre peut-être de cette dévotion qui fait à la fois son espérance et sa consolation dans les persécutions et les épreuves de l'impiété.

Un jour qu'avec un ami nous nous arrêtions près de la maison de la Sainte Famille, à l'entrée de la côte qui descend vers la petite porte latérale de Notre-Dame de la Fontaine, et que nous causions de cette chapelle, il me dit cette parole que je relève comme l'expression d'une pensée commune à un grand nombre de nos concitoyens : « Ce qu'il y a de plus beau dans l'histoire de cette fontaine et de cette chapelle, c'est qu'elle nous apprend qu'en ces siècles lointains, les Pères de notre foi ont aimé comme nous Celle que nous entourons d'un culte de prédilection. Voyez cette colline qui porte depuis un demi-siècle la statue de la Sainte Vierge, elle s'appelait la colline de la Bienheureuse Vierge, *collis Beatæ*. Notre ville est couverte de sanctuaires où Marie est partout honorée. Tout cela n'est pas nouveau, puisqu'au principe même de notre histoire, nous retrouvons ce culte fondamental. Etudiez ces rapprochements, ces leçons de l'antiquité. »

Nous y avons souvent songé depuis lors.

Lorsque saint Brieuc et ses compagnons abandonnèrent leur premier abri établi autour de la Fontaine-Orel et de l'oratoire dédié à la Vierge Marie, ce vallon délicieux, aux fraîches eaux, devint pour eux, après leur départ, ce que les moines bretons appelaient le désert.

Quelques religieux, attirés par un attrait tout particulier à la vie contemplative et érémitique, obtenaient de leur *Abbé* la permission de se retirer, pour un temps, loin du centre de la communauté, afin de vivre dans une solitude plus complète.

Cet endroit était absolument propice. Silencieux et abrité, il n'était cependant pas éloigné du monastère et permettait à l'ermite de se retremper dans la vie spirituelle par les sacrements.

« Nous avons souvent parlé de la passion de solitude et d'ascétisme transcendant si fréquent chez les moines bretons des Ve et VIe siècles. Pour y donner satisfaction, sans rompre le lien qui attachait à la communauté monastique les cénobites trop ardemment travaillés de ce besoin, on avait imaginé d'établir à quelque distance des monastères, en dehors du *vallum* ou retranchement qui leur servait d'enceinte, une ou plusieurs très petites cellules en pierre, habituellement en forme de ruche, avec une entrée fort basse, véritables pénitis où les anachorètes se retiraient pour suivre en toute liberté les inspirations de leur zèle ascétique sans échapper complètement à la surveillance de leur abbé. Ce ou ces ermitages s'appelaient le désert *(desertum)* d'un monastère (1). »

Le souvenir de cette pieuse destination du vallon des trois fontaines s'est conservé fidèlement à travers les âges. Tandis que la cathédrale s'élevait à l'empla-

(1) La Borderie, *Histoire de Bretagne*, t. I, p. 390.

cement de la chapelle de bois du monastère, le petit oratoire, dans sa modeste simplicité, attirait encore les fidèles.

De nos jours ce culte des premières traces de saint Brieuc sur le sol de sa ville s'est conservé précieusement, tour à tour glorieux ou diminué, mais toujours vivant.

Il reste en ce petit asile de la prière quelque chose du parfum de foi et de paix des ermites qui en avaient fait leur désert.

Une hôtellerie ou maladrerie recevait les voyageurs fatigués, venus de tous les coins de la Bretagne, et leur donnait l'hospitalité. Cette maladrerie, devenue le couvent actuel de Montbareil, s'était jadis appelée l'hôpital de saint Antoine. Sanctifiée par la charité, bénie par Notre-Dame de la Fontaine et saint Brieuc, elle a toujours été sur notre sol briochin la demeure privilégiée des grâces abondantes du ciel : c'est là que les Cordeliers ont trouvé leur premier abri ; c'est là que les Ursulines de Saint-Brieuc ont eu leurs commencements ; c'est là que les Bénédictines ont tout d'abord fixé leur résidence ; c'est là que les Filles de la Croix ont entendu les prédications du bienheureux Grignon de Montfort ; c'est là que les Frères de l'Instruction chrétienne ont été fondés par M. de la Mennais ; c'est là que les premières filles de la Providence ont prononcé leurs vœux ; c'est là, à l'ombre du petit oratoire élevé par saint Brieuc lui-même à la Mère de Dieu, que sont nées toutes les grandes œuvres et que se sont réalisées toutes les surnaturelles inspirations. Terre sainte, sanctuaire béni, les fidèles du diocèse de Saint-Brieuc te vénèrent avec respect et te baisent avec amour !

Ce fut là le premier établissement de saint Brieuc, ce fut là son premier monastère, si l'on peut donner ce nom aux abris passagers que les cent soixante moines se firent en cet endroit ; ce fut là que Notre-Seigneur Jésus-Christ descendit pour la première fois sur l'autel à la voix d'un prêtre.

« C'était pour nos rivages un spectacle inusité ; mais incomparablement plus beau et plus consolant encore fut celui qu'amena la première aurore, en éclairant le premier sacrifice de Brieuc et de ses frères.

« Ce n'est pas que ce coin de terre habité par nos ancêtres fût étranger à l'idée du sacrifice, ce n'est pas qu'il ignorât la dure loi qui pesait sur l'humanité depuis la chute originelle ; peut-être même serait-il vrai de dire que, nulle part ailleurs, on ne paya plus largement le tribut du sang, si l'on veut bien considérer et la sombre couleur du dolmen que les siècles, en passant sur nos landes, n'ont pu effacer, et le sinistre nom de *Gouëd*, sang, donné à la rivière si limpide aujourd'hui qui baigne les pieds de nos coteaux (1). »

En dehors des compagnons de Rhigall et de Fracan, les forêts qui couvraient le pays n'abritaient presque aucun être humain. Il importe de le bien comprendre, pour se faire une juste idée de la colonisation de ce pays par saint Brieuc et ses moines.

Les antiques traditions druidiques des gaulois, les dévotions païennes des Gallo-Romains ne comptaient plus que de très rares représentants. Quelques chasseurs, des porchers, peu de pasteurs occupaient seuls les immenses étendues du sol armoricain.

« Trait caractéristique : dans les documents relatifs à l'histoire de la Bretagne-Armorique vers la fin du ve siècle et le commencement du vi^e^, il est fort peu question de laboureurs, beaucoup de bergers, de porchers, de troupeaux. La culture de la terre n'est pas encore rétablie, l'industrie pastorale est la principale ressource. Les porchers surtout semblent avoir joué un rôle important. Quand saint Hervé, avec les disciples qu'il a enseignés pendant trois ans sous les arbres de la forêt Douna, la sillonne en tous sens à la recherche de l'ermitage de son cousin Urfoëd et,

(1) Chanoine Ollivier, *Panégyrique de saint Brieuc*, p. 20.

sans pouvoir se reconnaître, est vraiment perdu dans ce labyrinthe, qui le tire d'embarras ? qui le renseigne ? qui le mène au but tant cherché et si vainement poursuivi ? Des porchers. Dans ces forêts infinies, sombres, inextricables, ce sont les seuls guides. Menant leurs troupeaux à la glandée par ces chênaies immenses, inépuisables, eux seuls en connaissent les routes et en savent les nouvelles (1). »

Une voie romaine traversait, aux environs du champ du Rouvre, la colline qui domine Saint-Brieuc.

« La voie romaine allant des abords de Beaulieu (route de Brest) vers le hâvre de Cesson (rive droite). — M. du Mottay en a fait une voie principale de Coz-Yeaudet à Cesson par Lannion, La Roche-Derrien, Pontrieux, Lanvollon, etc. *(Voies romaines,* p. 161 à 163). — Cette voie se continuait de Beaulieu à Yffiniac, et la voie allant à Cesson, en passant sur le site de Saint-Brieuc, n'était qu'un embranchement. Nous allons trouver cette voie principale (2). »

« La voie dessinée par M. du Mottay jusqu'à Beaulieu, puis qu'il a détournée vers Cesson, se

(1) La Borderie, *Histoire de Bretagne,* t. I, p. 260.

(2) Note de M. Trévédy, *La Fontaine Saint-Brieuc, Indépendance Bretonne* du 22 janvier.

prolongeait vers le fond de la baie (Yffiniac). J'ai exposé cela à une séance du Congrès de l'Association Bretonne (juin dernier), et M. de Ménorval a fourni sur le même point des renseignements qui ne laissent aucun doute (1). »

Voilà tout ce qui restait du passé. Ces débris étaient une tombe, cet oratoire était un berceau. Par les derniers restes des chaussées romaines, envahies par les grandes herbes, mais respectées par les arbres, un peuple nouveau s'avança et domina le pays pacifiquement par la plus inattaquable et la plus inébranlable des conquêtes, celle du sol par la culture, avec le secours de la force morale la plus puissante qu'ait connue l'homme, le Christianisme.

(1) Note de M. Trévédy. *Ibid.*

RHIGALL ET SAINT BRIEUC

QU'ÉTAIT-CE que ce Rhigall, le maître du palais rustique du champ du Rouvre ? Un breton, nous répondent toutes les chroniques, confirmant ainsi l'opinion de Dom Lobineau, qui fait de Brieuc un fils de la Bretagne. Sa parenté nettement affirmée avec celui-ci, nous indique la province d'où il est sorti. Il est bien naturel de chercher l'origine des premiers émigrants dans le pays qui n'a jamais cessé de recevoir le premier choc des barbares. A l'exemple de Fracan qui avait le premier frayé la voie, il fit voile vers l'Armorique et laissa le flot pousser sa barque aux extrêmes limites du profond estuaire du Gouët.

Depuis le milieu du IVe siècle et surtout pendant le Ve siècle, la vie des habitants de la Valentia était devenue particulièrement instable, par suite des incursions constantes des Pictes et des Scots qui occupaient la Calédonie, c'est-à-dire l'Ecosse, bien que leur victoire définitive de la Clyde date d'une époque beaucoup plus tardive, à la fin du VIe siècle, en 590.

« Les Bretons repoussèrent d'abord pendant plusieurs années les barbares ; mais leur discipline et leur organisation laissaient à désirer ; et surtout, possédés de la passion du particularisme, divisés en mille tribus et entre mille petits chefs jaloux de leur indépendance, au point de ne pouvoir s'unir contre l'ennemi commun, ils furent bientôt, par suite de leur émiettement, incapables de résister aux attaques des barbares. Deux fois (entre 417 et 423), se voyant inondés par ce torrent, ils implorèrent et obtinrent de Rome un secours efficace, mais passager. Dans ces deux expéditions, les troupes impériales ayant mis en pièces les Pictes et les Scots, aidèrent les Bretons à réparer le grand mur autrefois construit à travers l'île pour lui servir de défense, du golfe de Solway à l'embouchure de la Tyne, par deux empereurs, Hadrien et Sévère (1). »

Bientôt les Romains les abandonnèrent à eux-mêmes : ils auraient succombé sans l'intervention de saint Germain d'Auxerre, le maître de saint Brieuc, qui leur fit remporter, comme nous l'avons dit, la victoire de l'*Alleluia,* en 430.

(1) La Borderie, *Hist. de Bret.*, I, p. 230.

De 441 à 446, les invasions des Scots, des Pictes et des Saxons continuèrent. Les Bretons, surexcités par le malheur, s'en délivrèrent eux-mêmes.

Une épidémie et une nouvelle invasion succédèrent en 448 à une paix momentanée.

Alors les chefs bretons s'assemblèrent et choisirent un chef appelé Vortigern.

« Sous sa direction s'ouvre une grande délibération pour découvrir le meilleur moyen d'arrêter le fléau terrible de ces invasions chroniques. Le résultat en fut lamentable. Ces rois, ces chefs, ces guerriers, qui tous portaient un glaive au côté, ce n'est point sur le tranchant de leurs glaives, sur la force de leurs bras ni sur l'union de leurs cœurs qu'ils comptèrent pour délivrer la patrie ; ce fut sur les étrangers. On leur persuada sans doute que c'était une idée de génie d'opposer leurs ennemis les uns aux autres : ils résolurent d'appeler dans l'île les Saxons et de s'assurer leur alliance par des dons de terre et d'argent, en leur imposant pour condition de combattre les Scots et les Pictes (1). »

Les Saxons arrivèrent, sur l'invitation de Vortigern, en 450. Ils avaient deux chefs vaillants et habiles, Hengist et Horsa. Ils attaquèrent les Scots et les Pictes.

(1) La Borderie, *Hist. de Bret.*, 232.

« Le torrent Scoto-Pictique s'était déjà répandu au sud de l'Humber ; ils s'élancèrent hardiment à sa rencontre, joignirent les envahisseurs dans le lieu où se trouve maintenant la ville de Stanford (comté de Lincoln), sur la rivière de Welland, leur livrèrent à cette place même une grande bataille, les défirent et les chassèrent entièrement de l'ancienne province romaine. »

Le pays de saint Brieuc fut donc délivré des barbares ; mais il dut subir, suivant le plan ridicule de Vortigern, une occupation de Saxons, sous le gouvernement du fils d'Hengist, Ochta, et de son neveu Ebissa.

Quelques années après, manquant à leurs promesses, ces dangereux protecteurs saisirent un prétexte d'argent et, pour insuffisance de solde, s'associèrent aux Scots et aux Pictes et ravagèrent la province qui leur était confiée.

Les compatriotes de Brieuc, convertis en grande partie à la foi chrétienne, trouvèrent dans leur énergie religieuse assez de force pour résister à leurs faux défenseurs.

La lutte dura plus d'un siècle.

Quelques-uns pourtant s'en fatiguèrent, dès ces premières trahisons, et, quelques années plus tard, ils se décidèrent à partir pour un rivage plus hospitalier, entre 460, date approximative du départ de Fracan, et 470.

Ce ne fut donc point une émigration volontaire. Le breton s'attache au sol qui l'a vu naître. La nécessité et les malheurs de la guerre expliquent seuls ces départs de clans ou plutôt de *plous* entiers vers les forêts presque solitaires de la péninsule armoricaine.

Ils fuient une patrie où ils ne se sentent plus chez eux, pour en fonder une nouvelle où ils trouveront un abri pour leurs familles et un terroir propre au développement de leurs institutions nationales.

Le même mouvement, qui portait Rhigall à quitter la terre inhospitalière de la patrie, entraîna saint Brieuc, son parent. Les cloîtres, asiles de paix, souffrent toujours du tumulte de la guerre.

Moines et guerriers, liés par un sort commun, se résignèrent à un exil nécessaire. L'histoire de leurs malheurs n'était donc pas seulement celle du chef de clan, mais encore celle de l'abbé de monastère. Raconter les luttes héroïques, mais malheureuses, des bretons désunis, c'est montrer le réel mobile de cet exode d'un peuple qui part avec ses autels et ses foyers ; c'est expliquer l'arrivée de la barque guerrière de Rhigall que suit bientôt la barque monastique de Brieuc.

Les bretons mirent pied à terre sur ce rivage

nouveau pour eux. La fraîcheur du vallon, où s'épanouit la vallée double, les séduisit (1). S'enfonçant avec courage dans les bois épais, Rhigall arriva bientôt avec sa troupe dans une clairière, où il résolut de fixer sa demeure. Un chêne magnifique aux larges rameaux, de l'espèce au feuillage sombre qui porte le nom de chêne Rouvre, en ornait le centre. Avec ses compagnons qui étaient nombreux, il engloba dans ses territoires de chasse tout le pays compris entre le Gouët à l'ouest et le Gouëssant à l'est, à l'exception de terres occupées par le clan de Fracan.

Rhigall, en effet, n'était pas un émigrant isolé, il avait quitté sa première patrie avec tout un *plou*, c'est-à-dire tout un peuple qui était, suivant la coutume bretonne, l'extension de sa propre famille.

« Qu'est-ce qu'un *plou* (2) ? Le mot existe avec quelques légères variantes dans tous les dialectes bretons (3). En gallois et en cornique, c'est une

(1) Arrivés au promontoire que couvrent aujourd'hui les jardins de Montbareil et dont la base est cachée par les maisons de la rue du Légué, ils suivirent à gauche un ruisseau aujourd'hui caché sous le pavé de cette rue. Ils laissèrent donc à droite le petit ruisseau qui descendait des trois fontaines près desquelles saint Brieuc s'arrêta.

(2) La Borderie, *Hist. de Bret.*, t. I, p. 281.

(3) En gallois *plwyf*, en cornique *plew*, en breton armoricain *ploué* et *plou*. Ancien cornique *plui*, ancien armoricain *plui*, *plwi*, *plué*, *ploi* (Cartul. de Redon), *plueu*, *plev* (Cartul. de Landevenec). En latin *plebs*, *plebis* dans les deux Cartulaires ; mais le sens de ce mot dans nos Cartulaires n'a rien de commun avec la *plebs* ecclésiastique mentionnée par les Conciles du IXe siècle,

paroisse au sens ecclésiastique, mais plutôt le corps des paroissiens que le territoire paroissial. Chez les Bretons du continent, il a une signification spéciale. Le *plou*, c'est proprement et primitivement la petite colonie formée par la bande bretonne émigrée, s'établissant au sortir des barques fugitives dans un coin désert de l'Armorique, sous la direction d'un brave guerrier, chef temporel, d'un pieux moine, chef spirituel de cette petite société, formée sur la terre d'exil par la communauté du malheur. Sur cette terre, le *plou* remplace le *clan*. Dans la terrible tourmente qui souffle sur l'île de Bretagne, le clan a été la plupart du temps brisé par les désastres de l'invasion, dispersé par les hasards de l'émigration. Le *plou* en est un dérivé, une image; c'est le clan modifié, relevé sur une nouvelle base, non plus les liens du sang, mais ceux non moins forts de la souffrance, du péril et de l'exil bravés et supportés en commun. »

Aussi est-il téméraire de penser que le pur hasard a poussé saint Brieuc vers les côtes sur lesquelles s'était arrêté son parent Rhigall quelques années auparavant.

L'émigration bretonne ne s'est pas réalisée d'un seul coup. Les premiers colons de la terre d'Armo-

qui n'était autre que l'archiprêtré ou doyenné rural ; voir *Concile de Pavie de 850*, can. XIII.

rique arrivèrent à la fin du ve siècle, les uns sur le territoire actuel de Saint-Brieuc, les autres dans le pays de Vannes et de Quimper.

De nouveaux groupes les rejoignirent au vi^e siècle.

Brieuc n'ignorait pas la direction qu'avait prise son parent, et nous en avons la preuve dans la facilité avec laquelle fut négociée une entente entre Rhigall et lui, et dans la direction qu'il donna à sa grande barque, à travers les flots de la Manche.

En effet, le monastère n'eût pas été en sûreté sur une côte lointaine et déserte, loin de tout établissement militaire des Bretons. Partout nous voyons s'établir de pair les clans monastiques et civils. Aux hommes habitués aux fatigues de la guerre et au maniement des armes par leurs fréquentes chasses, il appartenait d'assurer aux prières et aux labeurs des moines la paix et la sécurité dont ils avaient besoin; d'autre part, les monastères étaient comme des séminaires, où les abbés évêques prenaient sans cesse des moines pour leur confier la direction spirituelle de tous les *plous* du voisinage, et leur donner ainsi, avec la cohésion religieuse, le bienfait d'un enseignement élevé et de secours religieux.

En prenant la direction de la baie qui porte son nom, saint Brieuc avait donc conçu un plan d'organisation chrétienne de l'émigration bretonne. Il vint avec la pensée de jeter sur ce sol ouvert à l'activité de sa race un essaim de ses moines, et de grouper, au point de vue religieux, ces peuples nouveaux et ces gallo-romains qui attendaient, sur les lisières de la forêt ou dans ses clairières, une nation forte qui réparât les ravages causés par les invasions barbares et leur donnât le courage de travailler et de vivre.

La joie commune de saint Brieuc et de Rhigall s'explique. Tous deux avaient compris quelles ressources ils trouveraient dans leur cohabitation sur le même sol. Elles étaient plus grandes qu'ils ne le supposaient, comme nous le constaterons tout à l'heure.

L'œuvre de l'un était le complément de l'entreprise de l'autre.

La même idée a inspiré aux Celtes d'Irlande l'idée de fonder un séminaire pour envoyer des prêtres à tous les groupes irlandais dispersés sur la surface du monde, afin de leur conserver, avec les traditions religieuses de leur race, les éléments fondamentaux d'une société et la permanence de leur nationalité.

A quatorze siècles de distance, se renouvelle ainsi, sous une autre forme, la préoccupation des Celtes bretons du ve et du vi[e] siècle, lorsqu'ils s'établirent dans la péninsule armoricaine.

Lorsque saint Paul Aurélien, après un premier

établissement dans l'île d'Ouessant, descendit sur la terre ferme, il y fonda le *Lann*, qui depuis a pris le nom de Lampaul-Ploudalmézeau. Son séjour y fut de deux ans. Au bout de ce temps, il comprit qu'il n'aurait pas rempli sa mission, avant d'avoir vu le chef breton de la région pour tout organiser avec lui.

Ce ne fut pas le hasard qui les amena à se rencontrer. Longtemps saint Paul le chercha à travers le pays qui s'appelle aujourd'hui le Léon, et il trouva à Plou-Meinin un guide qui le conduisit à l'île de Batz où résidait le comte Withur. Dès qu'ils se virent, ils se reconnurent pour parents, dit encore la légende. Le rapprochement de ce fait avec l'entrevue de Rhigall et de saint Brieuc nous paraît une confirmation décisive du plan qui présidait à l'occupation de l'Armorique. Les groupes originaires des mêmes régions de la Bretagne se réunissaient et, quand les hasards de la navigation les conduisaient à des rivages déserts, ils cherchaient à se rapprocher de leurs amis et de leurs parents.

En allant vers le comte Withur, saint Paul Aurélien obéissait à l'idée qui avait conduit Brieuc vers Rhigall. Le *plou* ou colonie civile, sans le concours et le voisinage du monastère, eût été incomplet. L'organisation religieuse constituait le fondement indispensable des colonies que l'invasion obligeait les bretons à fonder sur la terre d'Armorique.

Cette alliance a toujours fait la force de notre race et de notre peuple aux heures de prospérité ; toute rupture a marqué une ère de décadence. L'histoire a inscrit cette vérité en récits trop convaincants pour ne pas frapper l'attention des hommes qui réfléchissent.

Le rapprochement de Rhigall et de Brieuc à l'aurore de notre cité et au berceau de notre race, est donc une leçon perpétuelle pour la postérité. Cet embrassement touchant des deux cousins est un symbole du devoir des générations qui se succèdent sur ce sol, où l'Eglise a connu tour à tour des jours de prospérité, comme aussi des heures d'angoisse et de douleur.

AU CHAMP DU ROUVRE

RHIGALL est parti pour sa nouvelle demeure de Lis Elion, et saint Brieuc prend possession du palais de bois du Champ du Rouvre pour y établir son monastère définitif. Il s'agit d'adapter les constructions du *plou* civil à leur nouvelle destination et de les compléter pour en faire le centre d'un *lann* monastique.

Rien ne ressemblait moins à un couvent du moyen âge ou des temps modernes, que cet établissement des émigrants bretons. Le mot de monastère évoque le plus souvent, dans notre esprit, l'idée d'une vaste et monumentale construction de pierre. Au centre, une cour garnie d'un puits sert de cimetière ; un cloître au rez-de-chaussée et quelquefois un autre au premier étage constituent un double promenoir, où circulent silencieusement les moines, à la vue des tombes de leurs frères morts avant eux dans les labeurs de la pénitence. Sur ces promenoirs s'ouvrent les portes des cellules et des salles communes.

Cherchons d'autres comparaisons pour comprendre le monastère de saint Brieuc : celle-ci nous dérouterait, sans nous aider dans une reconstruction imaginative. Voulez-vous en avoir le plan, rappelez-vous la grande Chartreuse. Chaque religieux y occupe sa maison particulière ; mais cette maison est de pierre, cet ensemble est imposant et monumental. Rapetissons cette cité monastique, remplaçons la pierre par le bois, donnons à toute partie des proportions modestes : voilà l'œuvre de saint Brieuc.

Lorsque Rhigall avait établi son palais du Champ du Rouvre, il avait pris des précautions pour abriter contre des attaques imprévues sa demeure, celle de ses compagnons et ses troupeaux. A cette fin il avait construit une sorte de rempart de terre, en creusant un fossé pour en accumuler les déblais en talus. C'est dans l'intérieur de cette enceinte vaste et fortifiée que Brieuc s'établit, si nous en jugeons d'après la coutume des moines bretons, et en particulier, d'après l'exemple de saint Gildas de Rhuys, qui se fixa dans un camp romain, pour n'avoir pas à établir lui-même ce rempart.

Saluons-y d'abord la demeure du Dieu qui console et qui réconforte, le lieu du sacrifice, l'asile de la prière, disons mieux le cœur du monastère, le centre de cette cité naissante.

Brieuc, pour donner l'exemple à ses moines, y met le premier la main. Bientôt tout le monde est à l'ouvrage, abattant les bois, coupant les buissons, arrachant les épines, aplanissant le sol au point de transformer ce coin de la forêt en une véritable place. La grâce de Jésus-Christ soutient les travailleurs, l'œuvre marche rapidement et sans encombre, la basilique (pour employer les termes du biographe) s'élève près du palais de bois de Rhigall.

Notre expression était juste : elle est désormais le centre et le cœur du monastère. C'est là qu'aux heures fixées les moines se réunissent pour prier. Au milieu de la nuit, le son de la cloche ou d'un instrument de métal, en forme de gong chinois, les arrache au sommeil et les appelle au chant des matines, suivant la parole du psalmiste : *Media nocte surgebam ad confitendum tibi* (1).

Après matines ils rentrent dans leurs cellules pour prendre de nouveau un peu de repos ; mais ce sommeil est court, car, dès l'aube, au chant du coq, la cloche les invite de nouveau à descendre de leur lit pour se rendre à l'église et chanter les laudes, suivant

(1) Ps. CXVIII, 30.

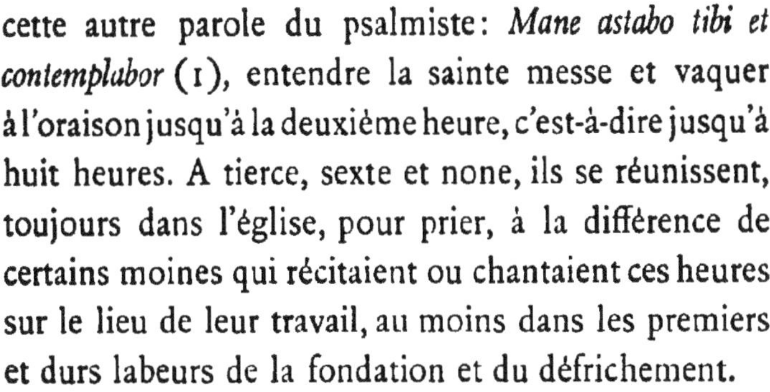

cette autre parole du psalmiste: *Mane astabo tibi et contemplabor* (1), entendre la sainte messe et vaquer à l'oraison jusqu'à la deuxième heure, c'est-à-dire jusqu'à huit heures. A tierce, sexte et none, ils se réunissent, toujours dans l'église, pour prier, à la différence de certains moines qui récitaient ou chantaient ces heures sur le lieu de leur travail, au moins dans les premiers et durs labeurs de la fondation et du défrichement.

Après les vêpres, qu'ils chantent vers six heures du soir, ils prennent en commun leur unique repas et reçoivent tous, supérieurs et inférieurs, la même nourriture. Enfin, lorsque les dernières psalmodies des complies, la prière monastique du soir, ont fini de résonner sous les lambris de bois de la basilique, le grand silence commence et les moines se dispersent dans leurs cellules pour s'étendre sur leur dure paillasse, formée d'herbes desséchées, sans quitter leurs habits du jour.

Brieuc prolongeait souvent sa prière jusqu'à une heure très avancée de la nuit, ne se réservant d'autre privilège au milieu des siens, que celui d'appartenir plus entièrement à Dieu. Le Seigneur, pour éprouver sa vertu, se plut à livrer son fidèle serviteur aux assauts du démon. Brieuc, le corps fatigué par le

(1) Ps. v, 4.

jeûne, sentit un jour son imagination et ses sens devenir un instrument de torture morale. Le spectacle des joies de la vie et des biens du siècle qu'il avait abandonnés, défilait devant ses yeux, comme une critique amère de ses rigoureuses pratiques.

Il y a dans la vie spirituelle de ces heures pendant lesquelles l'âme est comme accablée sous le poids de ses propres travaux et tombe dans un abattement profond qui tournerait au désespoir, si la volonté, captive de la grâce, à laquelle elle s'est livrée librement, ne s'abandonnait pleinement en Dieu et ne planait au-dessus des vaines agitations de la nature. Une voix pressante montait de son être inférieur jusqu'à ses lèvres : « Pourquoi apportes-tu dans ce pays une loi nouvelle et des coutumes religieuses inusitées ? »

Saint Brieuc était alors dans sa patrie, nous dit son biographe, peut-être à cette époque de sa vie où il luttait contre les influences d'un milieu païen et les épreuves d'une fondation monastique.

Prosterné en prière dans la basilique, il écartait, ou du moins tentait d'éloigner cette vision de la profonde révolution religieuse qu'il opérait dans son pays ; mais presque invinciblement il se prenait à douter de lui-même et de sa mission.

Alors, se relevant brusquement, il s'avança vers la fenêtre de l'église qui ouvrait sur la campagne, vers ces champs qu'il arrosait de ses sueurs, vers ces forêts où il avait goûté, pendant les jours de son enfance, aux douces joies d'une insouciante liberté. Il étendit les bras, tourna les yeux vers le ciel pour invoquer le secours d'en haut, et repoussant vivement la tentation, il commanda aux esprits du mal de le laisser en paix : « Eloignez-vous de moi, vous tous qui êtes les ouvriers de l'iniquité (1). »

A ces mots, la tentation s'évanouit et la sérénité revint en son cœur.

Cette lutte intérieure avait eu ses manifestations extérieures et sensibles. Plusieurs de ses disciples qui étaient au dehors entendirent un bruit de voix dialoguant ensemble à l'intérieur de l'église. Le ton en était animé. Fort intrigués de ces murmures insolites, ils entrèrent dans le baptistère. Brieuc, prosterné de nouveau devant Dieu, le remerciait de lui avoir rendu la paix, et restait silencieux devant l'autel, comme si rien d'extraordinaire ne s'était accompli.

Quelle était donc cette voix mystérieuse dont le bruit était parvenu jusqu'à leurs oreilles ? Ils n'osèrent pas le demander tout d'abord sans doute, mais ils gardèrent de ce fait un si long souvenir qu'ils en causaient encore après la mort de leur maître, comme de ces

(1) *Discedite a me omnes qui operamini iniquitatem*. Ps. VI, 8.

luttes intimes et terribles, dont la vie des Pères du Désert de la Thébaïde redisait les péripéties.

Ces grandes leçons de vigilance chrétienne et de prière étaient une prédication plus éloquente que tous les discours. Lorsque fatigués par un pénible travail, mal nourris, privés de sommeil, les moines perdaient la ferveur et l'ardeur généreuse des débuts, ils se tournaient vers ce vieillard en qui l'âge n'avait fait que rallumer le feu de l'amour divin, dans un cœur toujours jeune malgré les glaces du temps. Fortifiés par ce spectacle, ils trouvaient douces leurs pénitences et leur fardeau devenait léger à leurs épaules.

Sortons de cette basilique rustique, témoin des prières des moines et de leur saint chef Brieuc, voici que nous apercevons tout auprès un autre bâtiment commun, le réfectoire, et, par suite, en appentis, la cuisine.

Tout autour de ces constructions centrales s'étendent les cellules des moines. « La cellule de chaque moine formait une loge ou cabane séparée; toutes ces loges — sortes de baraques en planches ou même quelquefois simplement en clayonnage, beaucoup plus rarement en pierre — se trouvaient rangées en file les unes à côté des autres, sauf la cellule de l'abbé, de dimension un peu plus considérable. Ces divers bâtiments, ainsi que l'église et les petites loges des moines, étaient placés plus ou moins régulièrement autour d'une cour qui formait le centre du monastère et qu'on nommait le placis ou le préau *(plateola)*. La cellule de l'abbé *(cella domus)*, construite en forts madriers, s'élevait un peu en arrière dans une situation dominante, parfois sur un monticule, de façon à embrasser et surveiller toute la communauté (1). »

Nous avons la preuve de cette disposition de la cellule de l'abbé dans la vie même de saint Brieuc, à l'époque où il était encore à son monastère de *Grande-Lande*, dans sa patrie. Elle nous confirme ce que nous savions déjà par la vie d'autres saints, Scots ou Bretons.

L'incident qui nous vaut ce renseignement, nous montre en pleine vie ce clan de moines, il nous en dévoile la prodigieuse activité que n'entravait pas une rude austérité.

Nous sommes à l'heure du travail. La ruche monastique est dispersée.

De tous côtés s'élèvent des bruits de pas, de matériaux remués et d'instruments agités.

Les outils à équarrir le bois et à le tailler pour les constructions étaient très imparfaits. Aussi les accidents n'étaient pas rares et d'autant plus terribles qu'ils

(1) De la Borderie, *Hist. de Bret.* I, p. 508.

enlevaient parfois aux moines le moyen d'accomplir leur fonction principale après la prière, le travail manuel. Cette épreuve était donc particulièrement sensible à ces hommes de Dieu ; c'est pourquoi, dans leur esprit profondément surnaturel, ils y voyaient un des épisodes de la lutte incessante du démon contre les hommes.

De sa cellule supérieure, où il dominait tous les chantiers, saint Brieuc était le premier à se rendre compte d'un malheur survenu au cours du travail. Alors sa prière montait d'un bond vers Notre-Seigneur Jésus-Christ, source de tout bien, pour vaincre l'esprit mauvais, opérateur du mal physique comme du péché : « Va-t-en, disait-il, être dangereux, loin des serviteurs de Dieu. Sa toute puissante providence les protège contre tes assauts. »

Le long de la pente qui conduit à la cellule de l'abbé, un moine s'avance péniblement.

Quelques minutes après, cet ouvrier du Seigneur arrive près de Brieuc et lui montre son pouce arraché par un instrument tranchant avec de telles douleurs qu'elles ont occasionné une crise. Le saint se lève, prend le pouce enlevé, le fixe à la main et par un signe de croix efface toute trace de blessure.

C'était un grand encouragement au travail, puisque, pour ne pas en écarter un seul moine, Dieu accomplissait un tel prodige, par l'intermédiaire de son serviteur.

On devine de quelle autorité jouissait ce maître qui dispensait ainsi les faveurs célestes. Sa parole avait une puissance qui entraînait toutes les volontés faibles et soutenait dans le labeur ceux qui étaient tentés de défaillir.

Le temps que la prière laissait libre appartenait au travail. Il n'y avait pas une minute de loisir. Le labeur était double. Depuis la deuxième heure, c'est-à-dire huit heures, jusqu'à none, c'est-à-dire trois heures après midi, il était manuel. Parmi les moines, les uns étaient charpentiers et menuisiers, abattant les arbres, les équarissant, les taillant en planchettes pour les lambris ou les toitures; les autres retournaient la terre, la bêchaient et la brisaient et formaient ainsi des champs de culture. Tous allaient à la peine avec joie, comme de vaillants combattants qui aspirent à la couronne de la victoire, car ils se souvenaient de la parole de l'apôtre saint Paul: « *Non coronabitur, nisi qui legitime certaverit* (1).

« Toute l'existence des moines au fond des forêts n'était qu'une longue série de travaux pénibles et persévérants. Le déboisement qui est devenu aujour-

(1) II. Timoth., II, 5.

d'hui une menace et quelquefois une calamité réelle, était alors la première des nécessités. Dix siècles s'écoulèrent, avant que la disette de bois se fît sentir, et pendant ces siècles les moines continuaient à entamer sans relâche les grandes masses forestières, à les percer, à les diviser, à les éclaircir et à les remplacer çà et là par de vastes clairières qui s'agrandissaient sans cesse pour être livrées à une culture régulière. Ils apportaient le travail, la fécondité, la force et l'intelligence humaine dans ces solitudes jusqu'alors abandonnées aux bêtes fauves et au désordre stérile de la végétation spontanée. Ils consacraient leur vie entière à transformer en gras pâturages, en champs soigneusement labourés et ensemencés, un sol hérissé de bois et de halliers. Quelquefois il leur fallait avoir recours à l'incendie pour se frayer un chemin dans les bois et se débarrasser de vieux troncs qui eussent rendu toute culture impossible. Mais le plus souvent c'était la bêche à la main qu'ils parvenaient à déblayer un espace de terrain propre à être ensemencé ou à devenir une prairie. Peu à peu le jour se faisait de plus en plus loin et à travers les plus épais ombrages. Les grands chênes tombaient pour être remplacés par des moissons (1). »

(1) Montalembert. *Moines d'Occident*, éd. in-12, II, p. 447, 448, 449.

Après none, ils rentraient dans ces petites cabanes de bois ou de clayonnage qui leur servaient de cellule et se vouaient au labeur intellectuel qui consistait principalement dans la lecture et la méditation des Saintes Ecritures.

C'était du moins le rôle de ceux que Brieuc considérait véritablement comme ses disciples, car nous voyons qu'au monastère de *Grande-Lande*, en son pays, beaucoup d'hommes venaient à lui, attirés par sa sainteté et ses vertus, sollicités par l'austère attrait d'une vie de sacrifice, de pénitence et de prière. Il en appliquait les uns, nous dit son biographe, à la lecture assidue, les autres à la copie des manuscrits, les autres au travail des mains, et chacun mettait au service de tous, les fruits de son travail intellectuel ou physique.

Le travail intellectuel garantit au monachisme breton une supériorité incontestable sur le monachisme grec de notre époque dans l'église schismatique. « Je ne veux pas de cette épaisse ignorance, pensait saint Brieuc avec saint Jérôme, que certaines gens confondent avec la sainteté. Une sainteté ignorante n'est utile qu'à elle-même, et autant, par ses mérites, elle édifie l'Eglise du Christ ; autant elle lui nuit, si elle ne sait pas résister à ses ennemis.

« L'âme du croyant est vraiment un temple où Jésus-Christ réside : ornez donc cette âme, donnez lui de riches vêtements; en elle, donnez à Jésus-Christ un trône digne de lui. Apprenons sur la terre les choses dont nous conserverons la science dans le ciel (1). »

Mieux que tout autre, Brieuc appréciait les bienfaits des études religieuses, puisqu'il avait vu l'Eglise de son pays obligée de recourir à la science d'un évêque des Gaules pour se défendre contre l'hérésie. La Bretagne Armorique n'eut jamais besoin, grâce à Dieu, de ces secours étrangers, après avoir été formée à la science par des moines comme Iltut et Budoc.

La pratique de l'hospitalité était aussi une des vertus les plus chères à ces bretons. C'est pourquoi ils élevaient au milieu de leurs cellules, non loin de l'église, un *hospitium*. Ainsi le fit du moins saint Brieuc dans son monastère de *Grande-Lande*.

Une famine sévissait dans sa patrie et faisait beaucoup de pauvres. Ces affamés accouraient auprès du saint et lui demandaient l'aumône, et souvent le vivre et l'hospitalité d'une nuit.

Aussitôt il appelait son économe (2) qui leur préparait un abri et un repas abondant. Cette sainte

(1) Saint Jérôme. Ep. 49.

(2) L'économe dirigeait, par délégation de l'abbé, toute l'administration temporelle du monastère; il suppléait l'abbé en son absence, il était le premier après lui, aussi appelait-on sa charge *magisteriale officium*. — La Borderie, *Hist. de Bret.*, I, p. 513.

prodigalité finit par épuiser les ressources du monastère et l'économe répondit un jour qu'il n'y avait plus dans la maison que cinq pains de froment. Cet avertissement prouvait une inquiétude bien légitime, qui pourtant ne gagna pas Brieuc. Il ordonna de les donner tous. Le soir, après le repas et les complies, tandis que ses moines retournaient à leurs cellules, il resta seul dans l'église au milieu des ombres de la nuit, repassant silencieusement dans son esprit, avec abondance de larmes, les psaumes et les hymnes. Quand l'aube se leva, il priait encore.

Le matin, après l'office divin, le boulanger (1) et l'économe s'approchèrent de lui. Ce n'était point pour lui rappeler leur misère. Ils lui annonçaient, ô miracle! qu'ils avaient trouvé devant le pétrin douze mesures pleines de farine.

Personne ne doutait du caractère merveilleux de cette trouvaille opportune : toutes les portes et toutes les entrées étaient bien closes. Brieuc écouta leur récit, leur ordonna de garder le silence sur cet événement, et leur commanda d'appeler les pauvres. Ils accoururent

(1) La Borderie, *Hist. de Bret.*, I, p. 513. « Au dessous de l'économe, était le *pistor,* boulanger, dont l'office ne se bornait point, comme on pourrait le croire, à fabriquer le pain de la communauté. Il avait la garde et la disposition de toutes les provisions, en particulier de tous les vivres, et était chargé, comme on dirait aujourd'hui, d'assurer et diriger le service de l'alimentation de la famille monastique.... Il semble que celui (l'office) de *pistor* fût une corvée imposée à tour de rôle. »

et partirent pleins de joie, emportant des sacs pleins de farine. Le reste fut mis de côté pour l'usage de la communauté. Tous les jours ils en mangèrent, sans que la provision diminuât, la foi accroissant sans cesse ce que la nature n'avait pas produit. Plus on dépensait de froment, plus il se multipliait et il en fut ainsi jusqu'à la prochaine moisson.

La forêt formait une enceinte autour de ce cirque arrosé par d'abondantes eaux, où saint Brieuc avait construit son asile à l'abri des rudes vents de mer. Les bois épais couronnaient les collines sur lesquelles s'élève aujourd'hui le Carmel, Saint-Pierre, Nazareth, le Grand Séminaire. Sur les hauteurs que domine Saint-Michel, la brousse et le taillis, à défaut de futaies, brisaient le premier effort des souffles du large. Ce cirque s'ouvrait d'un seul côté et c'est précisément par là que Rhigall y avait pénétré. Dans ce fond de ravin que la main de l'homme a creusé pour en faire la rue du Légué, un ruisseau descendait du marais et des étangs qui entouraient le champ du Rouvre et se jetait dans le Gouët, en suivant le cours actuel de l'Ingoguet.

Maintenant que tout est construit, nous avons peine à nous représenter le silence et la paix de cette demeure monastique que venaient seuls troubler les hurlements des loups, rôdant autour de l'enceinte circulaire qui protégeait, avec les cabanes des moines, les écuries et les étables où ils parquaient leurs animaux domestiques. Les derniers cris des chasses de Rhigall et de la famille de Fracan, les aboiements des chiens, le hennissement des chevaux faisaient résonner au loin l'écho de la forêt, mais n'inquiétaient guère la prière des religieux. Chaque année marquait la conquête de quelques arpents de terre sur la futaie. Alors la hache du bûcheron frappait à grands coups et sans remords dans ces arbres envahisseurs qui avaient effacé en moins d'un siècle la trace de l'homme. Si quelque Gallo-Romain, égaré dans les vallées profondes, s'aventurait aux approches du monastère, il entendait s'échapper de la basse et modeste église de bois, le chant de l'office divin, la psalmodie des plaintes immortelles du saint roi David. Son oreille inaccoutumée à ces concerts harmonieux y retrouvait un souvenir lointain des arts que Rome avait communiqués à ses Pères. Il admirait ces champs où se balançaient les blanches moissons, ces prairies où paissaient les troupeaux, toutes ces manifestations de la prospérité et de l'aisance. C'était pour lui ce qu'est pour l'arabe du désert l'oasis baignée par de fraîches eaux. Il s'arrêtait pour chercher, près de ces moines qui avaient fui les joies du monde, le bonheur qui n'a rien de commun avec le plaisir et ne gît que dans l'union de l'âme à Dieu par la prière, le sacrifice quotidien, l'abnégation et le renoncement. Cet attrait s'exerçait lentement, mais sûrement, tant, en ces âges de renouvellement et de renaissance, l'Eglise apparaissait comme l'unique gardienne de la civilisation. A voir marcher au travail ces moines silencieux qui passaient comme des ombres, il ne les plaignait pas de ces apparences de mort et d'anéantissement qui scandalisent les esprits légers de notre époque. En ces âmes pour qui le contact de la nature, les mystérieuses profondeurs des bois, les eaux limpides, les champs péniblement défrichés, mais riches de leurs récoltes, étaient l'occasion de louer le Seigneur et de lui témoigner leur reconnaissance, il y avait une vie intense de contemplation, en même temps que d'activité. Maîtres d'eux-mêmes par leurs sacrifices, maîtres de la nature par le travail, ils s'attiraient encore par la prière le secours d'en haut. Tel était le secret de leur puissante action sur les derniers débris gallo-romains qu'ils groupèrent autour d'eux, après les avoir arrachés au paganisme ; telle était l'origine de leur influence sur leurs frères, ces bretons émigrés, dont les établissements se multiplièrent dans toute la région au cours du VIe et du VIIe siècle.

« Quand le cours de la liturgie leur ramenait la magnifique énumération des victoires de la foi des patriarches, tracée par saint Paul dans son Epître aux Hébreux, où il dépeint Abraham attendant avec confiance, dans les cabanes de l'exil, la fondation de la ville éternelle qui a Dieu pour architecte, ils devaient se reconnaître à ce texte sacré : *in casulis inhabitando*. Ils pouvaient bien se dire que c'étaient bien là les *casulæ*, c'est-à-dire les cabanes, les cellules de l'exil. Alors, la nuit, couchés sur la dure, et le jour, défendus contre toute irruption par d'épais ombrages, ou d'inabordables défilés, ils s'abandonnaient aux délices de la prière et de la contemplation, aux visions de l'avenir céleste (1). »

(1) Montalembert. *Moines d'Occident*, II, 393.

LES GALLO-ROMAINS

IL est temps de marquer avec exactitude les transformations qu'avait subies le pays de saint Brieuc avant l'arrivée des émigrés bretons, chasseurs, moines et guerriers. Nous ne les étudierons pas dans un esprit de vaine curiosité; mais il nous a paru impossible de célébrer l'apostolat de notre saint, sans chercher à préciser l'origine, l'état d'âme et le nombre des païens qu'il rencontra sur ces rivages jadis couverts de cités et de villas romaines. Le disciple d'Auxerre, le moine breton, le fondateur de monastères ne songea pas seulement au salut de ses frères, mais encore, d'après les traditions antiques de notre église briochine et notre office liturgique, à l'évangélisation des peuplades errantes qu'il rencontra dans la forêt aux abords de son monastère. Les travaux des archéologues qui ont étudié notre sol, les Gaultier du Mottay et les Geslin de Bourgogne, jettent un jour curieux sur l'occupation de notre sol par la race gallo-romaine. Ils nous en expliquent par l'histoire, aussi bien que par l'observation des ruines, la disparition rapide. Ils nous montrent enfin l'état misérable des derniers débris d'une civilisation basée sur la prospérité matérielle.

Puis tout à coup, au milieu de cette décadence, dans cette nuit profonde qui couvre le sol de la vieille Armorique, une lumière brille à l'horizon et répand des clartés nouvelles et plus pénétrantes sur les rivages au bord desquels se baignaient mollement Rheginea, Port-Aurèle et tant d'autres établissements, dont les ruines sans nom couronnent encore nos falaises. Dans la sombre obscurité du paganisme expirant, la foi de Brieuc rend la vie à ces hommes errants et leur apporte, avec une civilisation moins brillante, le progrès moral et le bien-être matériel. Apôtre, il leur annonce l'Evangile, leur apprend le travail, et conquiert, par ce double ministère et par la fusion de deux races dans le sein de la même Eglise, son plus glorieux titre de gloire auprès de la postérité, celui d'organisateur d'un peuple croyant et de fondateur d'une ville chrétienne.

« Quand la poussière qui s'élevait sous les pieds de tant d'armées, qui sortait de l'écroulement de tant de monuments, fut tombée ; quand les tourbillons de fumée qui s'échappaient de tant de villes en flammes furent dissipés ; quand la mort eut fait taire les gémissements de tant de victimes ; quand le bruit de la chute du colosse romain eut cessé ; alors on aperçut une croix, et, au pied de cette croix, un monde nouveau. Quelques prêtres, l'Evangile à la main, assis sur des ruines, ressuscitaient la société au milieu des tombeaux, comme Jésus-Christ rendit la vie aux enfants de ceux qui avaient cru en lui (1). »

Les Romains avaient occupé fortement cette baie de Saint-Brieuc au fond de laquelle se cachait, dans les replis de la Vallée-Double, le monastère qui était l'embryon d'une nouvelle civilisation. M. de La Borderie a fait un résumé concis des principales découvertes mentionnées par les archéologues au cours des nombreuses fouilles exécutées en ce siècle (2).

« Les Gallo-Romains avaient semé sur les bords de la baie de Saint-Brieuc un assez grand nombre d'établissements plus ou moins considérables. Le fond de la baie semble surtout avoir été fortement occupé.

« Sur le promontoire qui porte la tour de Cesson et domine la mer d'une élévation de 75 mètres, ils avaient placé, comme la sentinelle qui devait garder

(1) Châteaubriand. *Etudes historiques*. Fin du discours sur la chute de l'Empire romain.

(2) La Borderie, *Histoire de Bretagne*, t. I, p. 126 et 127.

tous ces rivages — non un simple camp à remparts de terre, mais une véritable citadelle de pierres, dont on voit encore, au nord de la tour actuelle, l'enceinte dessinant un trapèze irrégulier dont le développement atteint près de 500 mètres (1).

« De Cesson marchant vers l'est et suivant toujours le fond de la baie, on a trouvé dans la commune de Langueux, près du village des Grèves, de nombreuses substructions et des carrelages de marbre; en Trégueux, au Pré-Orain, substructions, débris romains répandus sur un hectare; près du village Sainte-Marie, autres substructions, sépultures, borne milliaire ; statuette d'Hercule en bronze de 8 centimètres de hauteur ; en Yffiniac, constructions en pierres sèches près de la rivière, en un lieu où la tradition place une ancienne ville détruite, poteries, tuiles, monnaies, lieu de sépulture, l'ensemble de ces constructions paraît avoir péri par le feu ; plus dans la même commune, une statuette de bronze et 800 monnaies du bas Empire, de Constantin à Valentinien. En Hillion, près de la Grand'ville, sur la côte, dans un lieu où la tradition met un ancien temple, substructions considérables portant les traces d'incendie, d'où l'on a tiré pavés de marbre très variés,

(1) *Mémoires de la Société Archéologique des Côtes-du-Nord*, t. I (1852), p. 290-291.

fragments de mosaïques, enduits peints à fresque, sculpture sur marbre représentant des monstres marins ; ailleurs encore, dans cette commune, 4 kilogrammes de monnaies du bas Empire. En Pléneuf, substructions gallo-romaines près Dahouët et sur la falaise du Val-André (1).

« Remontant de Cesson vers le nord-ouest, on rencontre d'abord en la commune de Plérin, au bord de la mer, non loin de l'embouchure du Gouët, les ruines curieuses de la villa de Port-Aurèle (jadis, je crois, Port-Thorel), avec hypocauste, mosaïques enduits polychromes, placages en schiste vert, poteries samiennes, traces de feu, car, dit le rapporteur des fouilles, « l'édifice a été dévasté, puis incendié comme toutes les constructions romaines de l'Armorique (2). »

« On a trouvé encore en Plérin des substructions antiques au village de Peignard, des briques, des poteries samiennes et divers débris gallo-romains sur deux ou trois autres points de la commune.

« En Binic, sur la grève de la Banche, substructions gallo-romaines assez étendues, avec hypocauste.

(1) Gaultier du Mottay, *Répertoire archéologique des Côtes-du-Nord*, p. 169, 174, 175, 168, 24. — *Annuaire des Côtes-du-Nord* pour 1838, p. 95-99, 102-103.

(2) M. Geslin de Bourgogne, *Mémoires de la Société Archéologique des Côtes-du-Nord*, t. I (1852). Le rapport occupe les pages 293 à 308.

« En Pordic, en regard de la côte de Binic, non loin de la Banche, sur la butte de Bernin, camp romain de forme triangulaire, ou plutôt forteresse, puisque l'un de ses angles au moins était armé d'une tour cylindrique en maçonnerie ; substructions gallo-romaines à la pointe de l'Ermo, débris antiques de diverse nature répandus sur près de 10 hectares ; traces d'incendie (1).

« En Saint-Julien de la Côte, près Quintin, on avait exhumé intact, sauf un coin de sa couverture, un four à briques encore tout plein de briques et de tuiles à la façon romaine, où l'on en trouva de parfaitement reconnaissables de toutes les espèces (2) : grands carreaux épais de 7 centimètres *(lateres)* et d'autres moitié moins épais, des tuiles à crochet ou à rebord *(tegulæ hamatæ)*, d'autres tuiles recourbées en forme d'enfaîteaux *(imbrices)*, des carreaux pour les pavés *(tesseræ)*. Ce four était une petite construction longue de 3^m^ 80, large de 1^m^ 80 et de hauteur proportionnée, construite et couverte en briques, mais ces briques enveloppées d'un second mur ou revêtement de pierres de granit (3). »

(1) G. du Mottay, *Répert. Archéol.*, p. 147, 215, 152.

(2) Mais par suite de la nature de la terre employée pour faire ces briques, beaucoup d'entre elles, au lieu d'être d'un beau rouge, étaient d'un brun violacé, et, ce qui est assez curieux, c'est que dans les murs de l'enceinte gallo-romaine placée en avant de la tour de Cesson, beaucoup aussi sont de cette teinte et ont dû sortir de cet atelier.

(3) De la Borderie, *Histoire de Bretagne*, I, p. 155.

La physionomie du fond de notre baie de Saint-Brieuc se dégage nettement de ce rapide résumé. Au centre, la solide forteresse de Cesson commandait l'estuaire du Gouët et protégeait le port de Cesson que desservait une voie romaine qui se détachait au village de Beaulieu de la grande voie allant de Coz-Yeaudet près de l'embouchure du Léguer à la ville bâtie sur l'emplacement actuel d'Yffiniac.

Tout autour, la côte ainsi défendue et garantie dans son commerce par les galères impériales, était couverte de villas. Déjà le goût des grèves au sable fin, des horizons de mer, des bains, qui attire tant d'étrangers sur nos rivages bretons, y retenait les Romains. Notre côte est semée des traces de leur séjour. Leurs habitations formaient de véritables villages, avec le riche palais du maître aux stucs couverts de brillantes peintures, aux salles de bains confortablement installées, avec les demeures des clients et des esclaves, avec les dépendances qui abritaient les animaux domestiques. De Binic, d'Hillion, des grèves de Langueux, de Port-Aurèle et de Cesson les barques allaient et venaient apportant les produits des grands ports des Gaules ou exportant le superflu des récoltes. Trégueux était couvert d'exploitations qui se trouvaient en communication par des voies avec le fond de la baie d'Yffiniac.

L'emplacement du monastère de saint Brieuc avait été laissé de côté par les Romains. A le bien examiner, il n'était pas propre à l'établissement d'une ville, que les circonstances seules ont fait naître, grandir et prospérer. Il convenait au contraire à des moines. Ils ne cherchaient qu'un coin isolé de la forêt qui fût assez éloigné de la mer pour être à l'abri d'un coup de main imprévu, assez rapproché pour communiquer avec la Mère-Patrie, la Bretagne, avec laquelle ils gardaient sans doute des relations, comme l'atteste le mouvement continu des émigrations. Rhigall lui-même l'avait adopté, parce qu'il s'y trouvait en pleine forêt, et qu'il préférait le travail captivant de la chasse au travail de la terre et à la direction d'une exploitation agricole. Les prairies de la clairière du Champ du Rouvre avec leurs fraîches eaux suffisaient à une pratique restreinte de l'art pastoral. Les Romains, au contraire, avaient choisi les riches plateaux de la côte de Plérin ou les coteaux ensoleillés de Trégueux et de Langueux.

Une nombreuse population couvrait donc tout ce territoire que notre race a reconquis et rendu à son ancienne prospérité ou plutôt à une culture plus florissante encore et plus étendue dans l'intérieur des terres.

Ruinée par le fisc pendant le IVe siècle, cette civilisation fut bientôt anéantie par les invasions barbares au commencement du ve siècle. Ce fut le 31 décembre 406 que la digue se rompit et que le torrent dévastateur se répandit sur les Gaules : il ne s'arrêta qu'à l'Océan et aux Pyrénées. Seules les cités armoricaines essayèrent de résister. Laissant de côté l'Empire et les fonctionnaires d'Honorius et de Constantin le Tyran, elles s'organisèrent entre elles pour arrêter ce courant. On vit alors un représentant de l'Empereur, le célèbre Aëtius, traiter avec les Huns aux dépens des Gallo-Romains. Les Armoricains se plaignirent ; Aëtius déchaîna sur leur pays les hordes hunniques en 436, puis les cruels Alains en 441. Dix ans de résistance ne firent qu'accumuler les ruines et la colère d'Aëtius.

En 443, il prépare une nouvelle expédition des Alains. Leur roi, Eocaric, les conduit. C'en est fini de l'Armorique. Sur la route, comme nous l'avons remarqué, saint Germain d'Auxerre, qui a connu les desseins du barbare, arrête le cheval du chef redouté, le force à l'entendre et promet d'obtenir de l'Empereur la grâce des rebelles.

La partie n'est que remise.

Les Armoricains n'acceptent pas la grâce incomplète du vainqueur et la lutte recommence jusqu'en 451 où, en aidant Aëtius, malgré sa trahison, à vaincre les Huns aux Champs Catalauniques, ils recouvrent la possession entière de leur territoire dévasté par dix années d'invasion.

Ce ne fut que pour subir d'autres pillages. Les Saxons qui avaient commencé à infester les mers d'Armorique au siècle précédent, devinrent plus audacieux dans la seconde moitié du ve siècle, après la destruction des forteresses romaines et l'abandon des garnisons. Dans leurs barques de peaux, légères et rapides, ils arrivaient à l'improviste, débarquaient sur les grèves ou sur les rives des rivières navigables, montaient avec le flot dans les anses les plus profondes, puis mettaient le feu dans les villas, après avoir emporté ce qui était facile à voler. Plus tard, ils s'enhardirent à pénétrer dans l'intérieur des terres, portant partout l'incendie, le meurtre et le pillage. Ils ne s'arrêtèrent qu'au jour où il n'y eut plus rien à prendre aux derniers Gallo-Romains errant loin des ruines de leurs demeures et de leurs cités, couvertes de cendres et envahies par les ronces et les épines.

A ce moment parurent les Bretons qui apportaient à ces malheureux débris d'une civilisation païenne la foi qui devait rallumer sur cette terre, plongée dans les ténèbres de l'ignorance et de la misère, le flambeau du progrès intellectuel, moral et matériel, avec la foi de Jésus-Christ et son Evangile.

Des barques abordent aux rivages armoricains pour

y déposer, non plus des pirates, mais des sauveurs : les Bretons avec leurs clans monastiques et civils.

Lorsque l'ange de saint Brieuc lui avait dit dans la nuit de la Pentecôte : « Homme de Dieu, il te faut maintenant passer sur le continent pour enseigner à d'autres peuples la religion divine », il lui traçait son rôle vis-à-vis des Armoricains qu'il allait rencontrer sur le territoire de la Vallée-Double. Les malheureux étaient peu nombreux et vivaient péniblement sur ce sol qui avait été fortement occupé pendant les siècles précédents par les Romains.

L'histoire ne nous parle pas seule de ces derniers restes d'une brillante et prospère civilisation. L'archéologie nous permet de suivre la trace de quelques-uns de ces hommes qui échappèrent au glaive des barbares et à la famine. C'est ainsi qu'une simple étude de pierres druidiques nous fait assister à un drame poignant du IVe ou du Ve siècle. Il s'agit d'un dolmen des Couettes, en Ploufragan, l'un des plus curieux débris des environs de Saint-Brieuc. « Les blocs de pierre (1) formaient un caveau partagé en trois chambres à l'intérieur. La cellule la plus voisine du chevet (c'est-à-dire de l'est) paraissait n'avoir jamais été ouverte ; nous y trouvâmes un vase

(1) Geslin de Bourgogne et Barthélemy, *Anc. Ev. de Bret.*, II, p. 263-264.

fabriqué à la main d'une terre séchée au soleil et contenant des os calcinés ; autour étaient rangées quelques petites haches en silex, quelques instruments en arêtes de poisson, des débris de colliers en os et en pierres opaques.

« Dans la chambre du milieu, sur un dallage en briques, nous reconnûmes les restes d'un foyer, avec de la cendre, du charbon et des débris de poterie fine. Un gallo-romain s'était glissé là, dérangeant une des pierres de la couverture, en partie brisée ; il s'était construit une chambre de 5 mètres carrés environ et y avait porté quelques ustensiles d'un mobilier assez riche. Sous le dallage (œuvre du gallo-romain), nous remarquâmes des terres rapportées, dans lesquelles nous trouvâmes un fragment de lance en bronze, des pierres de diverses couleurs qui avaient été taillées pour ornements, et des tessons moins fins, d'un travail moins fini que ceux de la couche supérieure : le gallo-romain s'était donc installé sur des restes celtiques du second âge. »

Que s'était-il donc passé ? Chassé de sa maison incendiée, sans asile, il était parti avec quelques débris d'un riche mobilier à travers la campagne pour y chercher un abri. Le dolmen se présenta à ses yeux. Il s'y jeta pour s'y cacher et y vivre à l'abri de l'intempérie des saisons.

Voilà donc tout ce qui restait du passé. Quelques malheureux Gallo-Romains erraient à travers les forêts ou les brousses qui avaient remplacé les anciennes cultures, et y saluèrent sans doute comme des sauveurs ces moines bretons, ces chefs de clan qui rendaient au pays un peu de cette vie qui avait été si intense aux jours de prospérité.

Ils étaient païens.

Bien que la *Vie de saint Brieuc* soit muette sur ce point, nous pouvons suppléer à son silence par d'autres récits qui nous permettent de formuler une solide affirmation.

« Dans le nord-est de la péninsule, au milieu du VIe siècle, il y avait encore beaucoup de païens ; l'une des *Vies anciennes de saint Samson* (venu en Armorique vers 548) dit formellement :

« Dieu avait envoyé des docteurs apostoliques répandre en divers lieux et en divers siècles les semences de la vie éternelle. Mais aucun d'eux, nous l'avouons, n'avait encore porté ses pas vers nous, quand par l'ordre du Seigneur, Samson vint enfin nous visiter. La savante Gaule n'avait point cherché à nous instruire et à dissiper notre ignorance : c'est l'arrivée de Samson qui fit briller la lumière sur notre pays. »

La plus ancienne *Vie de saint Malo,* parlant à peu

près de la même époque, dit que saint Malo convertit à la foi chrétienne « une innombrable quantité de païens. » Nous avons vu plus haut qu'à Corseul, quand ce saint y était venu dire la messe, personne n'avait voulu lui fournir pour le saint sacrifice ni vin, ni calice, tant le paganisme y était fort.

D'autre part, nous savons que saint Paul Aurélien trouva un certain nombre de païens sur le territoire qu'il occupa. Placé entre ces deux régions si diverses, saint Brieuc y rencontra aussi de malheureux infidèles.

Ces derniers indigènes n'étaient plus assez nombreux, ni assez organisés, pour entraver son établissement, mais il est à présumer plutôt que le voisinage du monastère fut pour eux un bienfait au point de vue matériel. La paix qui régna dès les premiers jours entre eux et les émigrés bretons, paix que nous conjecturons, d'après le silence de l'histoire, en paraît une preuve convaincante.

Il est inutile de chercher à établir le chiffre approximatif de ces Gallo-Romains : leur assimilation à la nouvelle race fut assez rapide pour qu'ils n'aient pas eu l'occasion de faire parler d'eux.

Depuis lors la foi catholique n'a cessé de régner sur notre sol briochin, et l'apostolat de saint Brieuc sur les indigènes et sur les émigrés encore païens fut si efficace qu'elle n'a cessé de régner en souveraine, malgré les terribles épreuves des invasions normandes aux IXe et Xe siècles. Ils adoptèrent et gardèrent jusqu'à cette époque de trouble la langue celtique qui fut pendant le VIe, le VIIe, le VIIIe et le IXe siècle la seule langue de notre région. Des chrétiens amenés sur les chars rapides des postes romaines, avaient sans doute séjourné sur nos côtes : leur nombre dans l'Empire, au IIIe et au IVe siècle, nous permet de le supposer sans légèreté; mais ils ne furent jamais que des isolés. Avec Brieuc commence un peuple catholique. La postérité n'a donc pas menti en le saluant du titre d'apôtre.

CONVERSIONS ET MISSIONS

En Grande-Bretagne comme en Armorique, Brieuc vécut au milieu des forêts. Dans ces solitudes profondes, sa prière n'était généralement troublée que par le souffle majestueux du vent dans la ramure des grands arbres. Parfois cependant des cris d'êtres vivants jetaient une note discordante dans ce concert harmonieux et solennel. Les moines y étaient accoutumés et ne s'en effrayaient guère.

« Souvent, en effet, quand au fond de leurs chapelles recouvertes de jonc ou de ramée, ils célébraient leur office nocturne, les hurlements des loups accompagnaient leur voix et servaient comme de répons à la psalmodie de matines (1). »

Saint Brieuc ne s'en émeuvait point, car il exerçait sur les animaux un admirable empire, comme le

(1) Montalembert, *Moines d'Occident*, II, p. 396. Appendice à la page 84.

prouve un trait de son séjour en Valentia. Le mactyern du pays poursuivait avec sa meute une biche. Le saint circulait sous bois en priant. La biche, après avoir longtemps échappé à la dent des chiens et aux traits des chasseurs, fatiguée par cette longue course, allait être enfin forcée, quand elle aperçut le saint. Brieuc s'arrêta. Elle s'élança de son côté et tomba de fatigue à ses pieds. Pris de pitié pour cette bête dont l'attitude souffrante était une prière, il leva la main, traça un signe de croix contre les chiens qui accouraient, leur ordonna de s'écarter et se fit immédiatement obéir. Lorsqu'ils se furent éloignés, la biche rassurée rentra dans la forêt.

Une circonstance plus solennelle manifesta aux hommes cette puissance sur la terre armoricaine.

Le beau dessin de M. Busnel, placé en tête de cet ouvrage, a consacré le souvenir de cette scène à la fois émouvante et symbolique. Dans les forêts qui couvraient les collines et les plateaux, aujourd'hui garnis de riches cultures, les fauves abondaient. Les loups aussi nombreux que dans les forêts immenses de la Russie contemporaine ou de la Sibérie, arrivaient en bandes redoutables aux approches des champs et des habitations monastiques. Plus d'un moine, surpris en revenant du travail par les hurlements de ces animaux, avait pris la fuite et regagné en toute hâte le vallum derrière lequel s'abritaient les cellules (1).

Un soir, saint Brieuc revenait avec quelques-uns de ses frères. Comme ses jambes d'octogénaire ne lui permettaient plus de marcher à pied, il était assis dans un lourd et grossier chariot traîné par des bœufs. Il s'avançait au chant des psaumes, et les voix plus jeunes de ses moines alternaient avec la sienne. Les derniers rayons du soleil s'éteignaient derrière les futaies. Tout-à-coup les chants tombent, le verset reste sans répons, la petite troupe se disperse et fuit avec épouvante. Autour du vieillard s'est formé un cercle de gueules ouvertes et hurlantes, d'yeux brillants. Ce sont des loups prêts à se ruer sur l'attelage.

Brieuc ne s'émeut pas; il s'avance impassible, la main levée en signe de commandement. Les loups s'arrêtent, s'agenouillent humblement comme pour implorer leur pardon ou reculent épouvantés.

Cependant le crépuscule devient plus obscur et les

(1) Lorsqu'au commencement de l'épiscopat de Mgr Fallières, la première pensée de la rénovation du culte de saint Brieuc prit une forme sensible, ce fut par l'érection dans la chapelle d'une statue représentant saint Brieuc avec des loups à ses pieds. Ce modèle avait déjà été adopté pour le tombeau de saint Yves à Tréguier. Les loups soumis et domptés symbolisent le triomphe du christianisme sur la barbarie. Cette statue a été placée dans la sacristie depuis qu'une autre statue de pierre, œuvre du sculpteur Le Goff, a été placée près de l'autel. La même idée a été représentée dans la seconde par la faucille d'or des druides que le saint foule aux pieds. La première est toujours très vénérée, quoique difficilement abordable.

moines revenus de leur panique, confus peut-être de leur première frayeur, essayent de rejoindre leur maître. Le cercle de gueules menaçantes se reforme contre eux.

La scène est émouvante, et la nuit qui est venue la rend plus impressionnante encore. La sainteté sereine, calme, de l'abbé triomphe de ces loups voraces accourus pour dévorer, et prépare le chemin du salut à des inconnus que l'aube amènera dans ces parages.

« Cette étrange situation se prolonge toute la nuit qui, d'ailleurs, ne fut pas longue, car on était, ce semble, en été. Le matin, au lever du soleil, un autre incident se produit.

« Un breton insulaire, appelé Conan, venait de prendre terre au rivage voisin avec une bande d'émigrés, tous braves guerriers, débris d'une armée bretonne détruite par les Saxons. En cela rien d'étrange. Circonstance beaucoup plus singulière, ces Bretons étaient païens. Cela dit leur patrie. Chez les bretons insulaires, il n'y avait plus de païens à cette époque que dans la Bretagne du Nord, dans l'ancienne Valentia. C'étaient donc des compatriotes de saint Brieuc.

« Récemment débarqués en Armorique, ils allaient devant eux cherchant — comme nous avons vu plus haut Fracan et sa bande — cherchant un lieu favorable pour y former un établissement. Tout à coup, Conan avise cet étrange spectacle : le vieillard à longue barbe blanche siégeant sur son chariot comme sur un trône, le cercle des fauves prosternés devant lui, mais repoussant les moines qui les entourent.

« — Voyez-vous ?... Voyez-vous ?... crie Conan à ses hommes avec stupeur.

« — Nous voyons, répondent ses compagnons, non moins stupéfaits.

« Et Conan, qui a reconnu dans le vieillard un moine, un prêtre chrétien, peut-être même son compatriote, Conan saute à bas de son cheval et lui crie :

« — Père ! Père ! nous ne voulons d'autre Dieu que le tien. Il faut que tu nous baptises tous !

« Comme s'il n'attendait que ce mot pour rompre sa prison, Brioc ordonne aux fauves de s'enfuir, tous disparaissent. Alors le vieillard, joyeux, s'entretient avec Conan, il lui prescrit à lui et à ses hommes un jeûne de sept jours, pendant lesquels il les instruit et le huitième il les baptise (1). »

Cette domination de Brieuc sur des êtres sans

(1) De la Borderie, *Hist. de Bret.*, I, p. 304.

raison avait tellement saisi leur imagination et leur cœur qu'ils se firent, pendant sept jours, pénitents austères, et préparèrent par ce renoncement l'avènement de Jésus-Christ dans leurs âmes.

« Cet empire surnaturel des saints moines sur la

SAINT BRIEUC GUÉRIT UN AVEUGLE

créature animale s'expliquait par l'innocence primitive qu'avaient reconquise ces héros de la pénitence et de la pureté, et qui les replaçait au niveau d'Adam et d'Eve dans le paradis terrestre. La rage des bêtes féroces, dit l'un, obéit à celui qui mène la vie des anges, comme elle obéissait à nos premiers parents avant leur chute. La dignité, dit un autre, que nous avons perdue par la transgression d'Adam, est récupérée par l'obéissance des saints, bien que la terre ne soit plus pour eux un Eden, et qu'ils demeurent sous le poids de toutes ses misères. Notre premier Père avait reçu du Créateur le droit de nommer tous les êtres vivants et de les soumettre à ses volontés. *Dominamini piscibus maris et volatilibus cœli et bestiis.* N'en est-il pas de même de ces saints hommes à qui les bêtes s'attachent et obéissent comme d'humbles disciples (1) ? »

« Faut-il s'étonner, dit Bède, si celui qui obéit loyalement et fidèlement au Créateur de l'univers, voit à son tour les créatures obéir à ses ordres et à ses vœux ? Deux mille ans avant la Rédemption, dans les solitudes de l'Idumée, il avait été prédit au Juste réconcilié avec Dieu qu'il vivrait en paix avec les bêtes fauves : *Et bestiæ terræ pacificæ erunt tibi* (2). »

Conan, du reste, n'était pas un étranger pour saint Brieuc, car selon toutes les probabilités, il venait de cette province de Valentia qui fut la première atteinte et donna à notre Armorique ses premiers émigrants. Attirés les uns par les autres, ils accouraient sur ce

(1) *Vita S[ti] Karilefi,* C, 23. — Montalembert, *Moines d'Occident,* II, 423.
(2) *Job,* V, 23.

sol au centre duquel s'élevait le monastère de saint Brieuc.

Les circonstances politiques de l'époque favorisaient l'établissement des bretons autour du plou de Rhigall et de Fracan, à l'ombre du monastère de saint Brieuc.

Toute cette région, négligée à cause de son dépeuplement presque complet, n'intéressait plus les conquérants. Elle était sous la domination nominative des cités armoricaines, dont la confédération comprenait tout le pays situé entre la Seine et la Loire.

Clovis, chef de la petite nation des Francs, établie dans la Gaule Belgique en 481, avait étendu son autorité jusqu'à la Seine, en 491, en s'emparant de Lutèce. Son peuple remuant et guerrier ne pouvait longtemps vivre en paix avec ses voisins.

La guerre fut terrible.

Procope nous en a gardé le récit dans sa Guerre des Goths (1).

« Il se trouvait alors que les Aborykhes étaient devenus les soldats des Romains. Les Germains voulant mettre sous leur obéissance ces peuples qui étaient leurs voisins et qui avaient rejeté leur an-

(1) Traduction de M. Edm. Cougny, inspecteur de l'Académie de Paris. Extraits des Auteurs grecs concernant l'Histoire des Gaules, v. p. 354 à 357.

cienne forme de gouvernement, les pillèrent d'abord, puis, poussés par l'amour de la guerre, marchèrent en masse contre eux. Les Armoricains montrèrent leur valeur et leur dévouement pour les Romains ; ils se conduisirent en braves dans cette guerre, et les Franks, n'ayant pu les vaincre par la force, voulurent s'en faire des amis et des parents. Ces propositions, les Armoricains les accueillirent sans répugnance, parce qu'ils étaient chrétiens les uns et les autres. Ainsi réunis à un seul peuple, ils arrivèrent à un haut degré de puissance. »

En effet, Clovis et ses compagnons avaient reçu le baptême au baptistère de Reims, en 496.

Cette paix assura la tranquillité aux nouveaux hôtes de l'immense forêt qui couvrait, en dehors du pays de Rennes, de Vannes et de Nantes, la péninsule armoricaine. Grâce à elle, les petits groupes qui arrivaient successivement comme ceux de Rhigall, de Fracan et de Conan, jetaient les bases solides d'une nouvelle nationalité qui devait garder son autonomie pendant de longs siècles.

Est-ce à ce moment que la paix de Saint-Brieuc fut cependant troublée ? Nous ne saurions le dire. La petite colonie civile et monastique des bords du Gouët, de l'Urne et du Gouëssant, avait beaucoup plus de rapports avec les bretons d'outre-mer qu'avec les Gallo-Romains de Rennes, de Vannes ou de Nantes.

Les voyages sur mer n'ont jamais effrayé les peuples qui ont successivement occupé l'Angleterre dont les côtes, avec leurs profondes découpures, ont un si long développement. La traversée de la Manche leur paraissait aussi facile qu'une marche de plusieurs jours à travers les impénétrables halliers de la péninsule armoricaine.

Devant la difficulté absolue d'accommoder les dates, la critique est obligée d'écarter jusqu'à nouvel ordre le passage de saint Brieuc au bord du Jaudy ; mais cette suppression entraîne-t-elle la suppression d'un fait qui tient place dans la vie de saint Brieuc ?

Admettrons-nous qu'il quitta son monastère de la Vallée Double pour obéir à la voix du cœur et de la patrie ? Son biographe nous raconte, après avoir passé très légèrement sur le premier établissement de saint Brieuc au pays de Tréguier, dont le récit semble une interpolation manifeste, son voyage en Grande Bretagne au moment de la peste. Le fait n'est pas invraisemblable. Ecoutons le narrateur.

Un messager venu de la Valentia le surprend un jour en pleine contemplation dans la solitude et lui annonce les malheurs de sa patrie décimée par une épidémie.

Ce fut une heure bien émouvante pour saint Brieuc. Son compatriote, l'envoyé de ses Frères, se jette à ses pieds et lui dit avec des sanglots : « Tout le pays de Coritiotar est sous le coup d'une destruction complète. Sans votre secours, il est perdu. Pour échapper au danger, il n'a d'autre espoir qu'en votre retour et en vos bénédictions. »

Saint Brieuc lui répondit avec bonté : « Frère, moi qui ai quitté ma patrie pour l'amour de Jésus-Christ, je ne dois pas retourner dans mon pays et chez mes parents pour me rejeter dans les soucis de la famille et dans les affaires du monde. »

Le messager insiste, mais en vain.

Alors il invoque l'appui des moines, il les prie de l'aider dans sa mission, il les gagne à sa cause.

N'étaient-ils pas originaires de ce malheureux pays que Dieu éprouvait ainsi par la peste ? Comment n'auraient-ils pas compati à la misère de leurs compatriotes ? Ils eurent vite fait de dissiper les scrupules de saint Brieuc et le déterminèrent à regagner sa patrie.

Un jour viendra peut-être où un historien plus heureux pourra fixer la date de ce voyage et en narrer le retour. Il n'y a du moins aucune raison de supposer que ce récit ne soit pas exact, puisque la tradition possède jusqu'à preuve du contraire. Ce fait manifeste le crédit dont jouissait saint Brieuc parmi ses compatriotes de race celtique et le renom de sainteté que lui avaient valu ses vertus et ses miracles. Aux heures de détresse, le peuple sait reconnaître les vrais serviteurs de Dieu et leur montre une confiance que le ciel se plaît à récompenser.

Alors les vrais disciples de Jésus-Christ s'arrachent aux douceurs ineffables de la contemplation et à la paix des solitudes, pour rentrer dans l'arène et jeter dans la lutte l'appoint de leur charité, de leurs pénitences et de leurs prières.

De même que Jésus descendait de la montagne pour traverser le lac de Tibériade et retrouver la foule des malades et des ignorants, de même saint Brieuc quitta sa colline sainte pour traverser la Manche et réconforter ses frères souffrants.

« La plupart de ces pieux et intrépides missionnaires revenaient, une fois au moins dans leur vie, revoir le pays d'où ils étaient sortis, et ils y amenaient des disciples nés dans les autres pays celtiques, mais avides de reporter aux foyers si chers et si menacés de la Bretagne insulaire, la lumière et la ferveur qu'ils en avaient reçues (1). »

Alla-t-il en Irlande pendant la période la moins

(1) Montalembert, *Moines d'Occident*, III, p. 44.

connue de sa vie ? Y exerça-t-il son apostolat pour y compléter l'œuvre de saint Patrice ? Nous n'en avons aucune preuve. Ce serait cependant la seule manière d'expliquer les traditions irlandaises (1) relatives à saint Brieuc. Dans ce cas, il dut évangéliser le midi de cette île.

« Ce pays est trop étendu pour qu'un homme isolé pût suffire à l'évangéliser dans toutes ses parties. Saint Patrice eut donc des collaborateurs, principalement dans les provinces du midi, où il ne paraît pas avoir personnellement jamais pénétré. Pourquoi saint Brieuc ne serait-il pas l'un de ces collaborateurs ? N'avait-il pas déjà été condisciple et ami de saint Patrice à l'école d'Auxerre (2) ? » En tout cas, les dates nous obligeraient à reporter plus haut et à une date inconnue cette action.

Au retour, la joie de saint Brieuc retrouvant après son voyage le calme de son monastère du Champ du Rouvre et le silence de l'oratoire de la Fontaine-Orel, se peut facilement imaginer. L'âme qui a goûté aux charmes austères et fortifiants de la vie monastique, ne la quitte qu'à regret et au seul appel de la

(1) Voir Forbes : *Kalendars of scotish saints*, p. 291 et ailleurs. Edimbourg, 1872. Brieuc a été longtemps l'un des patrons de Cork, comme nous l'avons déjà dit d'après Cambden (v. 1600), *Descriptio Britanniæ*.

(2) Dom Plaine, O. S. B. *Note inédite.*

voix de Jésus-Christ son maître ; mais elle ne s'appartient pas. Il ne nous est pas donné, lorsque nous obéissons à l'Esprit-Saint, de conduire nous-mêmes notre vie. Un jour, Il jette l'homme le plus actif, par une épreuve inattendue, dans la solitude qu'il a fui ; une autre fois, Il appelle du désert le solitaire qui s'y est enfoncé pour s'y préparer à la mort. Instrument docile entre les mains du Maître intérieur, saint Brieuc est devenu, comme malgré lui, le glorieux pèlerin de l'Evangile sur des rivages bien divers, depuis les froides côtes de la Valentia, jusqu'aux rivages battus par les mers tempestueuses de l'Irlande et de la Bretagne Armoricaine. Qu'il dompte les loups, qu'il guérisse les malades, ou qu'il enseigne la vérité, il est missionnaire et apôtre ! Ainsi Dieu le veut !

MORT DE RHIGALL

La vie austère de saint Brieuc, ses prières accompagnées de larmes, ses longues méditations, ses veilles prolongées, ses jeûnes surhumains, sa charité, sous l'action de l'Esprit-Saint, élevaient peu à peu son âme à ce degré d'union divine et mystique où elle ne s'appartient plus à elle-même. A certaines heures de recueillement, saisie par l'amour surnaturel qui la dominait, elle était entraînée et dominée irrésistiblement par lui. Plus d'une extase avait marqué le cours de sa vie ascétique. Il semblait que les anges fussent descendus du ciel sur la terre d'Armorique pour la renouveler et la transformer. Un dernier et poétique transport manifesta vers la fin de sa carrière que le ciel était en perpétuelle et miraculeuse communication avec lui.

« Partout éclatait, au sein de ces forêts si longtemps inabordables et de ces déserts désormais repeuplés, l'hymne de la joie, de la reconnaissance et de l'adoration. La prophétie d'Isaïe se vérifiait sous leurs yeux, pour eux et par eux :

« Vous sortirez avec allégresse ; vous marcherez dans la paix ; les montagnes et les collines chanteront devant vous et tous les arbres de la forêt applaudiront ; le cèdre croîtra en place du jonc ; le myrte fleurira au lieu de l'ortie ; et vous ferez retentir partout le nom du Seigneur comme un signal éternel qui ne se taira plus (1). »

« Faut-il l'avouer ? Il m'arrive quelquefois de tendre l'oreille et d'écouter si je ne surprendrai pas, à travers l'océan des âges, quelque faible écho de cette ravissante harmonie. Certes, jamais il ne s'est élevé de la terre vers le ciel concert plus doux que cette symphonie merveilleuse de tant de voix pieuses et pures, enthousiastes et fidèles, sortant toutes à la fois du sein des clairières et des vieilles futaies, du flanc des rochers, du bord des cascades et des torrents, pour célébrer leur nouveau bonheur.

« L'Eglise a connu des jours plus resplendissants et plus solennels... mais je ne sais si jamais elle a exhalé un charme plus intime et plus pur qu'en ce printemps de la vie monastique.

(1) Isaïe, LV, 12, 13.

« Dans cette Gaule qui avait subi pendant cinq siècles le joug ignominieux de la Rome des Césars, qui depuis avait gémi sous les invasions des Barbares, où tout respirait encore le sang, le carnage, l'incendie, on voyait germer partout la vertu chrétienne fécondée par l'esprit de pénitence et de sacrifice. Partout la foi semblait éclore comme les fleurs après l'hiver ; partout la vie morale renaissait et bourgeonnait comme la verdure des bois (1). »

Deux hommes portaient sur une sorte de brancard un aveugle incapable de marcher, et le conduisaient à sa demeure. Ils s'égarèrent, et, après mille détours dans la forêt, reconnurent qu'ils ne retrouveraient point leur chemin. La nuit tombait. Ils poussèrent de grands cris, arrivèrent enfin près de saint Brieuc et lui demandèrent le vivre et le couvert.

— Laissez-moi ce malade pour une nuit, leur répondit Brieuc, en les voyant pleurer ; pour vous, retournez en paix dans votre demeure ; et levant la main, il leur montra leur chemin. Quelques instants après, ils s'éloignaient dans la direction indiquée, laissant leur malade près du saint. Leur marche fut rapide, car ils voulaient profiter des dernières clartés du crépuscule, et ils arrivèrent tout droit chez eux.

(1) Montalembert, *Moines d'Occident,* II, 459.

Pendant ce temps, Brieuc, suivant sa coutume, entra à l'église et se mit en prières, pleurant et suppliant le Christ. Jésus entendit la requête de son serviteur et y répondit favorablement. Le malade retrouva l'usage de ses membres, ses yeux revirent la lumière qui les avait fuis depuis longtemps.

Vers le même temps, Rhigall tomba malade et fut obligé de garder le lit. Sa maladie fit de rapides progrès. Sur le point de mourir, il envoya des messagers à Brieuc pour le supplier de le guérir, déclarant qu'il ne pouvait ni mourir, ni recouvrer la santé sans voir le saint. Il s'était promis de ne recevoir la communion que de ses mains et de n'avoir pas d'autre que lui pour célébrer ses funérailles. Brieuc, accablé par l'âge, monta sur le chariot qui lui était devenu indispensable pour ses déplacements, à cause de son grand âge, et prit le chemin de Lis Hélion. Ses moines marchaient en avant et en arrière du char, et, comme de coutume, il chantait avec eux des psaumes. Tout à coup, sa voix se tut sur ses lèvres, il fit signe à ses moines d'interrompre leur chant. Ses oreilles avaient perçu les concerts des anges.

Le plateau de Cesson, tel qu'il nous apparaît aujourd'hui, ne nous dit plus rien de l'aspect qu'il présentait au temps de saint Brieuc. Sur ces champs cultivés dont pas une parcelle n'est perdue, le regard s'étend au loin sur la baie de Saint-Brieuc aux aspects si variés. Là-bas s'allongent les grèves de Pléneuf et, par delà l'îlot du Verdelet, les sables et les rochers ensoleillés du cap qui abrita jadis la Rheginea des Romains et protège aujourd'hui la petite station balnéaire d'Erquy. Devant nous, voici que s'abaissent, vers les plaines de sable de l'anse d'Yffiniac, les collines au-dessus desquelles se dresse, à droite, le plus haut sommet du Menez, la montagne de Bel-Air. Sur ces dernières pentes, couronnées aujourd'hui par la vieille tour de Hillion, Rhigall avait établi sa demeure.

Lorsque le soleil brille au-dessus de ce paysage aux larges horizons, le promeneur s'arrête avec complaisance pour en contempler l'étonnante variété. De ces flots bleus à ces rochers dorés par l'éclatante lumière, à ces bois dont les teintes sombres se détachent sur les hauteurs, il se plaît à détailler les charmes que le Créateur a prodigués à ce coin béni de notre Bretagne. Il apparut aux yeux de saint Brieuc dans toute sa beauté, quand il s'arrêta, au milieu des éclaircies de la forêt ou du taillis, pour écouter, au-dessus des bruits de la nature et de ce tressaillement de vie qui se résume en un sourd bruissement sous les caresses du soleil, les concerts harmonieux des anges et les voix célestes qui disaient, à son cœur en même temps qu'à ses oreilles, les délices ineffables du paradis.

Lorsque l'alouette, du haut des airs, au-dessus des sillons où jaunit la moisson, jette ses notes aiguës et saccadées, dont le chant monotone se mêle au dernier bruit des vagues qui viennent mourir contre les falaises ou déferler sur la grève, notre esprit, bercé par ces harmonies rustiques, ces graves murmures de la mer, se laisse volontiers aller à une douce rêverie ; mais combien plus forte et plus émouvante fut la divine extase de ce vieillard apportant à un autre vieillard les espérances d'une autre vie et les promesses d'une prochaine rencontre. Son âme s'élevait aux aspirations éternelles et ne cherchait dans les splendeurs terrestres qu'une occasion de monter de l'œuvre vers l'Ouvrier.

Qui ne se sentira pénétré du charme de l'antiquité et de la beauté de nos légendes, en reconstituant, sur ce plateau, cette scène touchante du vieux moine breton, assis dans son chariot traîné par les bœufs, subitement arrêté dans ses prières et ses chants par la beauté des divins concerts ? Il raconta cette divine audition à ses disciples et il ordonna de marquer ce lieu, en y élevant une croix. Cet endroit fut désormais sacré et la croix devint pendant de longs siècles l'objet des hommages empressés des fidèles.

Beaucoup de malades y recouvrèrent la santé, à diverses époques, en invoquant saint Brieuc. Aujourd'hui, malheureusement, cette croix a disparu à la suite des troubles religieux et politiques de la fin du siècle dernier.

En arrivant près de Rhigall, Brieuc lui donna le saint viatique pour le préparer au grand voyage de l'éternité.

« Avant de mourir (1), Rhigall avait pris, pour assurer l'avenir de sa colonie, une disposition importante. N'ayant pas d'enfant, il la légua tout entière à l'ami fidèle, au moine laborieux, infatigable, au pasteur vigilant qui en était, autant que Rhigall, le fondateur, puisque c'était lui, Brioc, qui l'avait défrichée, débroussée, fertilisée, munie de tous les intruments et de toutes les institutions de la vie et de la civilisation chrétienne.

« Les termes de la *Vie de saint Brieuc* sur cette donation sont à noter : « Au saint homme Brioc, à ses moines et à son monastère, Rhigall donna à perpétuité son propre manoir, avec toute sa colonie et le *plou* tout entier qui en dépendait. »

« Le manoir, *domus propria*, c'est Lis-Helion ; mais toute la colonie, tout le *plou* sur lequel cette colonie

(1) De la Borderie, *Hist. de Bret.*, t. I, 305.

était établie, c'est à la fois Helion, dépendant de Lis-Helion, et l'autre partie de ce vaste *plou* comprise entre l'Urne et le Gouët, sous la dépendance du Champ du Rouvre. Les termes de cette donation font toucher au doigt la nature et l'étendue de l'autorité de Rhigall. Quoiqu'on lui donne souvent le titre de comte, c'était simplement un chef de *plou*, mais d'un *plou* fort vaste allant du Gouët au Gouëssant : car ces deux rivières bornaient tout son pouvoir. Par où on voit l'énorme erreur de ceux qui ont prétendu faire de lui un roi de toute la Domnonée (1). »

« Elle est vieille et touchante, on le voit, cette origine de la juridiction temporelle, du Régaire de nos évêques, désormais pasteurs et seigneurs d'une cité née à l'abri de leur houlette et qui vivra en paix pendant des siècles, entre les feux croisés de la forteresse ducale de Cesson et le donjon de la Roche-Suhart,

(1) Mais, d'autre part, on a tort de vouloir enlever à la colonie de Rhigall et attribuer à celle de Fracan les paroisses de Langueux et Trégueux, sous prétexte qu'elles se seraient appelées au moyen-âge Lan-Guethenoc, Tref-Guethenoc, et que Guethenoc était un fils de Fracan. En réalité, ces formes Lan-Guethenoc, Tref-Guethenoc n'existent dans aucun texte, c'est une invention des auteurs modernes. Dans l'immense recueil de D. Morice et dans celui des *Anciens Evêchés de Bretagne*, la seule forme qu'on trouve, c'est en 1129, Tre Guehuc pour Trégueux (*Anc. Evêchés*, IV, p. 309). Si Guehuc venait de Guethenoc, l'*n* de ce dernier mot aurait été conservée ; mais Guehuc vient en réalité de Woeduc, Gwezuc, Guehuc, et il n'y a aucun rapport entre Fracan et ces deux paroisses de Langueux et de Trégueux, qui appartenaient certainement à Rhigall, puisqu'il est démontré que le territoire de sa petite colonie s'étendait du Gouët jusqu'au Gouëssant.

aux Penthièvre, éternels compétiteurs des ducs de Bretagne, leurs aînés et suzerains (1). »

Elle date de cet événement capital, quelle que soit d'ailleurs l'opinion que l'on puisse avoir sur l'origine du diocèse de Saint-Brieuc. Les invasions saxonnes n'avaient pas permis à l'église de Bretagne de s'organiser comme en Orient. Les diocèses étaient sans délimitations fixes et sans hiérarchie métropolitaine ou patriarcale.

Aussi semble-t-il très difficile d'affirmer rien de positif. Une seule chose reste acquise : il y avait des abbés évêques, et saint Brieuc fut l'un de ces prêtres qui reçurent la plénitude du sacerdoce pour en remplir toutes les fonctions autour d'eux.

« Le christianisme, réfugié dans la presqu'île de la côte ouest, principalement dans le pays de Galles et dans la Cornouaille, y tenait tant bien que mal, au milieu de populations barbares et indisciplinées, mais capables d'une grande ferveur religieuse. Il n'y avait plus de cités, mais des monastères, dont le personnel rayonnait à une certaine distance, portant la prédication et les secours spirituels dans les groupes d'habitations, fort dispersés, de ces pays perdus. De plus en plus refoulés vers l'ouest, les Bretons émigrèrent...

(1) M. le vicomte de la Villerabel, *A travers le vieux Saint-Brieuc*, p. 16.

En Gaule... les églises bretonnes vécurent à part, retranchées derrière la frontière qui séparait de l'empire franc la péninsule soumise à leurs chefs nationaux. C'est seulement au temps de Charlemagne que l'on parvint à les agréger au corps ecclésiastique franc et à la province métropolitaine de Tours. Encore cette union, contrariée par les fluctuations politiques, demeura-t-elle longtemps incomplète et inefficace (1). »

Au début, pendant le IIIe et le IVe siècle, des évêques furent préposés aux cités de Bretagne où se formait une communauté chrétienne. Les limites de ces circonscriptions ecclésiastiques demeurèrent fort arbitraires. Les clans bretons étaient restés rebelles, à l'encontre des tribus celtiques de la Gaule, à l'organisation romaine. Ils n'y tenaient que par des liens fragiles. Avec la domination de Rome tombèrent peu à peu les évêchés de la province de Bretagne. Les Saxons, en brûlant les villes, en dévastant les campagnes, détruisirent eux-mêmes la hiérarchie ecclésiastique basée sur la cité.

D'ailleurs, les petits chefs bretons, avides d'indépendance, s'affranchirent rapidement de ces délimitations d'origine bureaucratique et administrative.

(1) L'abbé L. Duchesne, Membre de l'Institut. *Origines du culte chrétien. Etude sur la liturgie latine avant Charlemagne.* Paris, Ernest Thorin, éditeur, p. 42.

Chaque clan assura son autonomie dans l'ordre religieux aussi bien que dans l'ordre civil.

Sur cet état d'esprit, qui portait à la suppression de l'ancien ordre de choses, se greffa la prédominance croissante du clergé régulier sur le clergé séculier. Sous l'instigation de saint Germain d'Auxerre, les cités monastiques remplacèrent les cités romaines et conquirent une influence analogue, quoique d'origine religieuse et morale. Les chefs, ou comme on a dit plus tard, les abbés de ces monastères devinrent, par la merveilleuse attraction de leur sainteté, de leur charité et de leur travail, des pasteurs de peuples. Pour remplir toutes les fonctions ecclésiastiques, ils furent évêques et en exercèrent les fonctions.

L'histoire de saint Samson nous en fournit un exemple très frappant. Ce moine, choisi par un synode d'évêques, moines sans doute comme lui, pour gouverner un monastère, reçut, en même temps que le gouvernement de cette maison, l'onction épiscopale qui en fit un pasteur.

Dom Plaine, dans une précieuse note inédite qu'il a bien voulu nous communiquer aimablement, a recherché la date à laquelle saint Brieuc aurait été consacré, pour une raison analogue à celle qui fit choisir Samson.

« Il n'est pas impossible que le B. Germain, qui

avait reçu des pouvoirs spéciaux de Rome, lors de sa double légation en Bretagne, ait conféré le caractère épiscopal au futur apôtre avant de se séparer de lui. Les historiens ne nous en disent rien, mais ils ne nous disent point non plus que Brieuc ait jamais été élevé à la dignité épiscopale, et cependant le témoignage clair et formel de la tradition ne permet pas de révoquer la chose en doute. Or, le moment pouvait-il être mieux choisi que celui où s'ouvrait la carrière apostolique devant les pas de Brieuc (1) ?

Bien que le biographe de saint Brieuc ne dise pas un mot de son épiscopat et ne fasse pas une seule allusion à des actes épiscopaux, dans le récit de sa vie, la tradition constante de notre pays est trop conforme aux présomptions historiques pour ne pas mériter notre respect et notre confiance.

En effet, les autres évêchés de Bretagne furent fondés, quelques années après, dans les mêmes conditions que celui de Saint-Brieuc. Saint-Pol eut tout d'abord ses limites exactement déterminées. Ailleurs les abbés avaient le pouvoir épiscopal. Ce fut le cas des chefs des grands monastères de Dol, du Val Trecor et d'Aleth.

Si plus tard Judual, vainqueur de Conomor, donna

(1) Dom Plaine, note inédite.

à saint Samson, d'accord avec le roi Childebert, le gouvernement spirituel de la Domnonée, ce fut sans détriment des pouvoirs dont jouissaient les grandes abbayes de la Bretagne armoricaine.

La chronique de Nantes ne paraît pas un obstacle aux conclusions tirées de documents plus sûrs et plus anciens.

Sans nous arrêter aux polémiques qui sont du domaine de la science pure, saluons en saint Brieuc le premier évêque de la cité qui porte son nom, gardons-lui sa place parmi les sept saints de Bretagne et, en nous prosternant avec amour devant les précieux restes conservés à la chapelle des reliques à la Cathédrale, reconnaissons en lui l'apôtre des derniers représentants des cités armoricaines de notre région, le père et le gardien de notre foi, le guide et le protecteur des prêtres et de l'évêque du diocèse dont il fut le premier pasteur.

MORT DE SAINT BRIEUC

LORSQUE La Rochefoucauld écrivait au XVIIe siècle : « Le soleil ni la mort ne peuvent se regarder fixement (1) » ; il ne comprenait pas ce que l'espérance chrétienne met de sérénité dans l'âme d'un saint.

Saint Brieuc eut la prévision de sa mort prochaine et ne s'en émut pas.

En suivant par la mémoire dans ses méditations les longues années qu'il avait passées sur la terre, il sentait que sa fin était proche. De grands travaux, de mystérieuses épreuves dans sa patrie, son émigration sur une terre étrangère, à un âge où l'homme ne songe qu'au repos, n'avaient pas affaibli la vigueur de ses facultés. Seules ses jambes défaillantes lui apprenaient que de nombreux ans pesaient sur ses épaules.

Notre Seigneur Jésus-Christ, qu'il avait tant aimé

(1) *Maximes*, 26.

et si bien servi, lui fit la grâce de connaître avec précision la date de sa mort. Il savait que cette nouvelle ne troublerait pas l'âme de son serviteur. Les saints qui ont passé leur vie dans le renoncement et la pénitence, afin de se rappeler que la terre n'est point la patrie des âmes, saluent avec joie la venue de la mort et lui tendent les bras comme à une bienfaisante amie.

Saint Brieuc convoqua ses moines et leur révéla la communication divine. Il est facile de se représenter l'émotion des disciples apprenant que leur maître allait les quitter. Ils s'étaient accoutumés à voir en lui l'intermédiaire des volontés de Dieu : avec lui, ils avaient quitté la terre bretonne pour chercher, à travers les mers orageuses, la paix des forêts armoricaines, avec lui ils avaient entrepris sans faiblir les rudes travaux de défrichement et de désouchement, avec lui ils avaient construit ce monastère, avec lui ils avaient prié et souffert dans ces replis de la Vallée-Double, au bord des fraîches eaux sur lesquels ils avaient bâti l'oratoire de Marie et l'église de Saint-Etienne. Sa merveilleuse vieillesse, en se prolongeant au delà des bornes ordinaires de la vie, leur avaient laissé l'illusion que la mort respecterait longtemps cet ami privilégié du Seigneur. Sa haute intelligence s'était enrichie au commerce des Ecritures, pendant les méditations d'une longue vie monastique, après les fortes études du monastère d'Auxerre : elle les avait éclairés dans leurs doutes, leurs épreuves et leurs tentations. Son cœur, enflammé de l'amour divin, leur avait toujours manifesté les tendres et fortes affections d'un père. Ces moines perdaient à la fois un guide, un doux maître, un ami.

Saint Brieuc ne voulut pas les laisser à ces pensées tristes qui auraient inutilement ébranlé leur sensibilité et les releva par d'austères et pressantes exhortations. Il leur montra la mort, sous son aspect et surnaturel et chrétien, comme le dénouement décisif d'une existence passagère et la détermination de nos destinées éternelles : « Frères, leur dit-il, consacrons six jours avec une dévotion plus vive au chant des psaumes et à nos prières accoutumées. Lorsqu'ils seront écoulés, le Seigneur tout-puissant tiendra la promesse qu'il a faite à son serviteur et lui donnera la récompense de son travail. »

Ses frères obéirent immédiatement avec une touchante ferveur. Quant à lui, il ne tarda pas à tomber malade, comme il le leur avait annoncé. La prophétie se réalisait. L'heure venue, il convoqua de nouveau ses frères et termina en paix son existence terrestre, après avoir reçu les sacrements du Seigneur.

Telle fut, dans toute sa simplicité, la fin de cette vie de pénitence, de piété et d'union à Dieu.

Notre Seigneur lui fit la grâce de se voir ainsi mourir avec la sérénité d'un cœur qui a toujours vécu en communion avec lui. Il ressort clairement du bref récit du biographe, que son corps s'éteignit doucement, en laissant à son esprit toute sa lucidité. Son grand âge, son esprit de prière, son abandon à Dieu, son désir du ciel expliquent cette fin calme et paisible.

« Si vous chargez l'un des bassins de la balance, le plus léger, vuide de poids, s'esleve incontinent en haut, à proportion que l'autre tend en bas. Sainct Brieuc n'avoit jamais faict autre chose durant toute sa vie, que charger, voire surcharger, voire accabler son pauvre corps de haires, de cilices, de jeusnes, de continuels travaux et d'austérités : C'est pourquoy il ne faut pas s'estonner si son esprit estoit si relevé, si clair et si beau en ce dernier période (1). »

A peine eut-il rendu le dernier soupir, qu'un suave parfum s'échappa de son corps et se répandit pendant tout le temps des dernières prières et des funérailles jusqu'à l'embaumement et la mise au tombeau.

Le bon chanoine de la Devison qui, au milieu de longueurs oiseuses, a quelquefois des pages charmantes, a peint par de curieuses et gracieuses comparaisons à la saint François de Sales, cette faveur

(1) La Devison, *la Vie, les Vertus et les Miracles de saint Brieuc,* p. 136 et 137.

et cet hommage merveilleux rendu par le ciel à la dépouille mortelle de saint Brieuc. « Les naturalistes, dit-il, nous racontent qu'il y a une fleur en essence qu'ils nomment *Hesperis*, laquelle a cela de singulier sur toutes les autres, qu'elle est plus odoriférante la nuict que le jour. Il n'y a parfum au monde qui se fasse mieux sentir que l'odeur d'une bonne vie, les plus vicieux honorent la vertu en quelque suject qu'ils la voyent, voire mesme en ceux que d'ailleurs ils estiment leurs ennemis.

« Le musc, la civette et l'ambre-gris, et tout ce qu'il y a de plus doux-flairant en la nature ne se font seulement sentir qu'au lieu où ils sont, et encore en bien petit d'espace, mais l'odeur de la sainctеté survole toute la terre, fend tous les aers, et se fait odorer et adorer d'un pôle jusqu'à l'autre.

« Saint Brieuc a esté un beau lis en chasteté, une rose vermeille en pudeur et charité et belle violette en continence et amour de Dieu, qui a rendu une très suave odeur pendant les jours de sa vie, son histoire en est fidèle témoin : mais la nuict de sa bienheureuse mort estant venue, ô Dieu ! il semblait que ce fust une multiplication, ou pour mieux dire une union et assemblage de toutes les odeurs imaginables : car sans parler de l'agréable senteur de ses vertus et mérites, qui exhale encore aujourd'huy, son âme angélique ne fut pas si tost partie, que son corps précieux, l'organe de tant de merveilles, embauma toute la cellule, de façon qu'on eust dit que le paradis y estoit descendu et dura ce parfum du ciel tout le temps qu'il demeura sans être inhumé (1). »

Son âme s'envola vers le ciel ; car le Seigneur manifesta la béatitude de son serviteur par les miracles qui s'accomplirent aussitôt à son tombeau.

Le jour même de ses funérailles, un de ses disciples, religieux et prêtre, Marcan, eut une vision pendant sa prière. Quatre anges ressemblant à des aigles, aux ailes brillantes de feu, conduisaient l'âme du saint sous la forme d'une colombe dans les mystérieuses profondeurs des cieux.

Le souvenir de ce saint disciple n'a été conservé à la postérité que par le nom d'une paroisse du diocèse de Saint-Malo.

C'était sans doute un des moines du monastère même de Saint-Brieuc, car nous trouvons mentionnée, comme une coïncidence frappante, la vision d'un autre disciple, saint Sieu, Simaus ou Simorus, qui résidait dans la patrie de saint Brieuc en Valentia. Le jour même il vit, pendant son sommeil, son maître Brieuc gravir les échelons d'une échelle dont le sommet

(1) La Devison, *Vie de saint Brieuc*, p. 159, 160, 161.

touchait le firmament; autour de lui une troupe d'anges allait et venait en chantant des hymnes célestes.

Un peintre verrier, M. Vermonet-Pomery, a composé pour la chapelle de Notre-Dame de la Fontaine une verrière qui rappelle cette vision du moine Sieux. Elle resplendit sous les rayons du soleil levant dans la fenêtre principale, aux meneaux de pierre, qui domine l'autel de granit. En un coin, dans une architecture empruntée aux peintres sur verre de la Renaissance, un moine est plongé dans un profond sommeil. La nuit étend ses voiles sur la nature. Seule, à l'orient, la clarté discrète d'une légère aurore jette quelques pâles lueurs sous les nuages sombres. La mer roule ses vagues jusqu'aux falaises de granit près desquelles se dresse un menhir, symbole de la Bretagne Armoricaine. En haut, dans les flammes de la rosace, la Trinité sainte, Père, Fils et Saint-Esprit, trône dans la lumière d'un plein jour. Les anges volent autour de ce trône en s'accompagnant de harpes, de cithares, de violons et autres instruments de musique, comme dans les compositions naïves de l'école ombrienne.

Entre la terre sombre et le ciel lumineux descend une échelle d'or. Saint Brieuc, mître en tête, revêtu des plus beaux ornements épiscopaux et chaussé de sandales tissées d'or, en gravit les degrés, tendant les

bras vers les splendeurs du paradis. Les clartés d'en haut jettent sur lui un brillant éclat : ce départ pour le ciel est vraiment une apothéose. Les anges dans leur vol gracieux lui font cortège, tandis qu'il s'élève vers Dieu sur l'échelle mystique.

Tout est saisissant dans cette composition, et le contraste de la sombre Bretagne avec le paradis ajoute à la leçon qui se dégage de la vision du moine endormi.

Ce songe extraordinaire réveilla Sieux. Dès le matin il se dirigea vers la côte pour s'embarquer et naviguer vers la Bretagne-Armorique. Au milieu de la nuit, comme il traversait la mer bretonne, le démon tenta de le suffoquer pendant qu'il dormait sur la poupe. Une double invocation à son maître suffit à chasser l'ennemi ; grâce à Dieu sa navigation fut heureuse.

Au bout de huit jours il aborda sain et sauf au hâvre de Cesson.

Descendant de navire avec ses compagnons, il prit la direction du monastère, ignorant encore la mort de son maître. A l'annonce de son arrivée, les moines, ses frères, coururent à lui, l'embrassèrent en pleurant et lui annoncèrent avec des sanglots et des soupirs la mort de leur Père.

Ensemble ils entrèrent au monastère en causant de ce douloureux événement.

Sieux, après avoir pris quelque nourriture, raconta à

tous les Frères la vision qu'il avait eue et les incidents de son voyage. Tous, après l'avoir félicité de cette faveur de leur Père, remercièrent le Seigneur en célébrant jour et nuit ses louanges.

C'était entre 505 et 511, au commencement de ce VIe siècle pendant lequel la nation bretonne acheva de s'établir sur le sol de notre pays.

Le même Sieux fut témoin d'un miracle posthume de saint Brieuc, et c'est à lui qu'on en doit le récit transmis ensuite par l'ancien biographe.

A l'époque où l'on célébrait déjà par une grande solennité le retour annuel du jour dans lequel saint Brieuc avait rendu son âme à Dieu, soit peut-être quinze ou vingt années après sa mort, on voyait affluer autour de son tombeau une multitude de pauvres, de malades, d'estropiés et d'autres malheureux atteints de diverses infirmités. Ils y étaient attirés à la fois par l'espérance d'y recouvrer la santé et par l'assurance d'y avoir part aux distributions de pain et de vin qui se faisaient en cette circonstance.

Or, une année, la veille de la solennité, il se trouva parmi les autres malades un homme tellement difforme et disgrâcié de la nature, que chez lui les cuisses et les pieds étaient adhérents les uns aux autres, pendant que les mains étaient comme paralysées et ne rendaient aucun service.

Saint Brieuc daigna prendre en pitié un client si affligé. Avant même que l'office des premières vêpres fût achevé, il mit ses pieds en état de supporter la marche, il communiqua à ses mains, jusque-là impuissantes, la faculté de saisir les objets, de les approcher ou de les éloigner à volonté.

Par malheur, ce miracle éclatant est le dernier sur lequel nous ayons des détails. Les témoins manquent pour les merveilles qui se sont accomplies d'âge en âge.

Depuis lors, toutes les misères sont venues chercher près de la tombe de saint Brieuc soulagement ou guérison. Par l'invocation de son nom et le secours de ses mérites, les faibles ont retrouvé la santé, les aveugles ont ouvert les yeux à la lumière, les démoniaques ont été délivrés, les paralytiques ont marché (1).

Pour nous, tard venu au déclin des âges pour célébrer la gloire de notre saint Pontife Brieuc, nous ne gardons de ce récit d'une vie que nous avons

(1) Le souvenir de saint Brieuc, qui a été perdu dans l'Ecosse méridionale, a été conservé dans le Nord. L'île de Rothsay, en face des Orcades, était sous le patronage de saint Brieuc avant Henri VIII, et sa fête s'y célébrait avec un grand éclat.

Devons-nous y voir un signe d'une navigation entreprise par saint Brieuc pendant la période inconnue de son apostolat, dans ces îles du Nord, pour y porter l'Evangile ?

En tous cas, le fait était à consigner.

racontée avec une allégresse intime, qu'une admiration muette et embarrassée pour les insondables mystères de la grâce. Un enfant, né là-bas en Valentia, au bord des forêts calédoniennes, dans une famille païenne, trouve un jour la vérité. Par quelles voies ? l'histoire nous le tait; et cette vérité lui apparaît sous sa forme concrète en la divine figure de Notre Seigneur Jésus-Christ. De cette rencontre nous redirons la parole de Lacordaire : « Un jour, au détour d'une rue, dans un sentier solitaire, on s'arrête, on écoute, et une voix nous dit dans la conscience : voilà Jésus-Christ. Moment céleste où, après tant de beautés qu'elle a goûtées et qui l'ont déçue, l'âme découvre d'un regard fixe la beauté qui ne trompe pas ! (1) »

A quel âge la rencontra-t-il ? au détour d'un sentier près de la maison paternelle ? sur les chemins de terre et de mer qui le conduisaient à Auxerre ? Dieu le sait.

Depuis lors sa vie ne lui appartint plus. Dans les austérités, les prières et l'apostolat, il devint entre les mains de la Providence un instrument de salut pour plusieurs. Les années s'écoulèrent, la vieillesse courba son front, la tombe parut son seul avenir. Tout à coup, à l'âge où d'autres se reposent dans la paix

(1) Lacordaire, *Cinquième conférence de Toulouse.*

d'un couchant plein de clartés, il entendit la voix de Dieu, il partit pour une terre inconnue et devint le fondateur d'une nouvelle chrétienté.

Vous nous l'aviez préparé, Seigneur, comme vous avez fixé notre rôle et notre action dans vos desseins éternels. En nous inclinant devant cette sainte figure, une prière monte de notre cœur à nos lèvres : « Seigneur, gardez-nous la foi qu'il nous donna ; Seigneur, accroissez-la afin qu'elle porte en nous ses fruits abondants de salut : *Adauge nobis fidem* (1). »

(1) Luc, 17, 5.

LES RELIQUES

La tombe des saints reste glorieuse. L'Eglise catholique l'a toujours vénérée, au point d'en faire l'autel du sacrifice ; aussi le sépulcre de saint Brieuc participa à ces hommages qui sont une tradition des premiers jours des catacombes.

Un jour vint, où la pierre en fut levée. Les chairs, après avoir subi la loi de la commune pourriture, tombaient en poussière ; les os furent recueillis et enfermés dans une châsse qui servit de reliquaire, et ces précieux débris reçurent les hommages populaires. Ils furent déposés dans la basilique du monastère dédiée au diacre saint Etienne, le premier martyr.

L'histoire nous a dérobé le secret de ces honneurs dont les moines et les clans voisins se plurent à entourer les restes de leur Père ; car les âges éloignés n'ont guère légué de monuments capables de supporter les injures du temps et de durer jusqu'à nos jours.

Quelques siècles s'écoulèrent dans une paix que nous invite à goûter le silence des vieilles chroniques.

Cependant, du haut des falaises, on aperçut un jour des voiles suspectes. Un bruit d'invasion troubla le monastère; et les moines de Saint-Brieuc apprirent avec effroi que les Normands, après avoir épuisé les pays riches par des pillages incessants, se jetaient en foule sur les rivages de la Bretagne Armoricaine qu'ils avaient déjà inquiétés. Leur terreur était légitime. Ces hommes, dont la vue avait assombri les derniers jours de Charlemagne, ne respectaient rien : ils jetaient au vent les reliques des saints et arrachaient aux reliquaires leurs lames d'or ou d'argent et leurs pierres précieuses.

Le roi des Bretons se chargea lui-même de soustraire aux pillards le trésor sacré.

« L'effroi fut tel que les habitants fuyaient de toutes parts, emportant avec eux les reliques de leurs saints patrons. Celles de saint Brieuc trouvèrent un asile dans l'Anjou. Elles y furent portées, suivant le rentier du chapitre, par un breton qualifié du titre de roi, *rex Britannorum*, et nommé Hillispodius, dans lequel on a reconnu Erispoë, le brave et malheureux fils de Nominoë. Erispoë, en effet, ayant la paix avec Charles le Chauve, avait gardé les conquêtes de son père jusqu'à la rivière de Maine et même, au-delà, l'abbaye de Saint-Serge, où il aimait à résider. Dom Fourneau, religieux de Saint-Serge, dans une chronique latine récemment publiée, raconte aussi comment ce couvent, après avoir été ruiné de fond en comble par les Normands, fut relevé en partie par Erispoë, qui l'enrichit du corps du bienheureux pontife Brieuc et en fit sa chapelle (1). »

Les reliques enveloppées dans une peau de cerf et enfermées dans une châsse, trouvèrent là un abri sûr pour de longs siècles.

Il était temps. Les Normands ne tardèrent pas à s'emparer du territoire de la vallée Double, depuis le Gouët jusqu'aux bords de l'Urne et du Gouëssant.

Ils s'y établirent solidement pendant la fin du IXe siècle et le commencement du Xe. Le *Chronicon Briocense* nous rappelle qu'Alain Barbe Torte, ayant appris qu'il y avait près de Saint-Brieuc une troupe de ces pirates, résolut de les en chasser, à son retour d'Angleterre vers 937.

Jehan de Saint-Paul, chambellan du duc François II, a résumé cette mémorable campagne qui ne fut pourtant pas décisive :

« Et arrivèrent près de la cité de Doul où ils trou-

(1) Lamare. *Histoire de la Ville de Saint-Brieuc.* — Fr. Guyon, éditeur, p. 20.

vèrent iceulx Normans, esqueulx y feurent desconfiz et occiz. De là marchèrent avecq leur armée vers Saint-Brieuc-de-Vaulx, auquel lieu en occidrent et tuèrent une grande partye. »

Erispoë n'avait cependant pas emporté toutes les reliques de saint Brieuc et les moines eurent le temps d'en faire disparaître les derniers restes avant le débarquement des pirates. Ils les transportèrent à l'abbaye de Lehon, près de la châsse de saint Magloire, parce que ce lieu leur parut plus sûr, soit que la population offrît aux Normands une résistance plus efficace, soit que le monastère fût mieux défendu.

Les Normands ne respectèrent pas l'abbaye de Lehon. Vers 975, ils se jetèrent sur la Bretagne. « Armés d'un simple casque de cuir, d'une cuirasse, d'un bouclier, d'une hache, d'une lance, d'une coustille ou long poignard, rien n'arrêtait ces barbares... Profitant du flux de la mer, ces audacieux pirates remontèrent sur leurs barques légères le cours de la Rance, arrivèrent jusqu'à Lehon et livrèrent au pillage et aux flammes la royale abbaye.

« Toutefois ils n'y trouvèrent plus la riche châsse, objet de leur convoitise, qui contenait les reliques de saint Magloire. *Jussan*, abbé de Lehon, forcé d'abandonner avec ses religieux son paisible monastère, avait eu soin d'enlever à la rapacité sacrilège de ces barbares le précieux trésor. Accompagné de Salvator, évêque d'Aleth, qui pendant quelques jours était venu demander aux religieux de Lehon l'hospitalité pour les reliques de saint Malo, ainsi que du clergé de Dol et de celui de Bayeux, chargés des reliques de saint Samson et de saint Paterne, Jussan arriva sain et sauf jusqu'à Paris, après avoir couru mille dangers dont le ciel le préserva heureusement. Hugues Capet reçut les reliques des saints bretons avec une dévotion extraordinaire. Il les fit déposer dans l'église Saint-Barthélemy, alors chapelle royale du palais, desservie par des chanoines. En leur honneur il fit agrandir l'église (1). »

Les reliques de saint Brieuc faisaient partie de cette étrange procession qui avait toutes les allures d'une déroute, et arrivèrent jusqu'à Paris. La chapelle royale abrita donc les trésors pieux de la Bretagne.

« Cette chapelle était située, dans la cité, auprès du palais des rois de France... ; elle fut alternativement celle de quelques rois de la race Mérovingienne, des ducs de France et comtes de Paris, dont le palais se trouvait auprès, là où est placé maintenant le Palais de Justice.

« En 1138 les religieux de saint Barthélemy et de saint Magloire s'étant transportés dans le lieu où se

(1) Fouéré Macé, chanoine honoraire, recteur de Lehon. *Prieuré Royal de Saint-Magloire de Lehon.* — Caillière, éditeur à Rennes, p. 26, 27.

trouvait leur chapelle de Saint-Georges, sur le chemin de Saint-Denis, qu'ils mirent alors sous le vocable de saint Magloire, le nom de saint Barthélemy resta seul à cette église primitive qui devint paroisse royale. Elle fut rebâtie au commencement du XIVe siècle; la tempête révolutionnaire la renversa et on bâtit sur ses ruines le théâtre de la Cité (1). »

Où reposent aujourd'hui ces reliques tant de fois transférées d'église en église ? Le savant auteur des *Anciens Evêchés de Bretagne* va nous le dire : « Une partie de ces reliques est aujourd'hui sous le maître-autel de Saint-Jacques du Haut-Pas, à Paris, mais mêlée à d'autres ossements cachés pêle-mêle pendant la Révolution (2). »

Les Bretons qui vont à Paris n'oublieront pas que les derniers restes emportés de Lehon par Salvator, évêque d'Aleth, et Jussan, abbé du monastère, reposent aujourd'hui dans cette église avec les restes d'autres saints de notre province.

Tant de jours mauvais ont passé sur la France, qu'il est impossible aujourd'hui de les rechercher et de les distinguer. Qu'ils reçoivent du moins l'hommage de la piété filiale des enfants de Saint-Brieuc.

(1) Guimart, *Histoire des Evêques de Saint-Brieuc*, p. 14. — Mémoires de la *Société Archéologique* des Côtes-du-Nord.

(2) Geslin de Bourgogne, *Anc. Evêchés de Bret.*, I, p. 11.

Cette seconde partie des reliques, la moins importante pourtant, nous a empêché de suivre les destinées et l'histoire de la première, qui fut emportée en Anjou par le roi Erispoë. Il est temps d'y revenir et de nous y arrêter plus longuement, puisque notre *Propre diocésain* en a fidèlement conservé l'histoire pour l'édification de la postérité.

Accablée par les Normands, la jeune cité de Saint-Brieuc n'offrait plus que le triste spectacle de la désolation et de la ruine. Les moines avaient fui, comme ceux de Lehon, en pleurant une dernière fois dans l'humble église de bois qui avait été le témoin de leur première ferveur et de leurs progrès dans la foi. Puis la torche incendiaire des pirates avait sans doute anéanti ces constructions des premiers temps de l'émigration bretonne.

Cependant la Bretagne se ressaisit ; les fuyards, dispersés, se retrouvèrent sur le chemin de l'exil ; les guerriers bretons se groupèrent sous leurs chefs aimés, reconquirent pied à pied le sol de la patrie dévastée, et la ville de Saint-Brieuc retrouva, grâce à leur vaillance, non plus ses moines, mais son Chapitre qui, depuis Nominoë, avait remplacé le monastère. Elle restait dépouillée de la châsse, dont l'abri temporaire devenait une demeure permanente, et sa seule consolation était d'entendre le récit touchant des hommages rendus dans la ville d'Angers aux précieuses reliques.

Le 31 juillet 1166, une cérémonie religieuse d'une grande solennité montra le renom de vertus et de miracles de notre grand saint Brieuc. Le souvenir nous en a été conservé par une charte (1) de Henri II, roi d'Angleterre, duc de Normandie et d'Aquitaine, comte d'Anjou, en la dixième année de son règne. Elle fut présidée, en présence de ce puissant souverain et de sa cour, par Guillaume, évêque d'Angers, assisté de Guillaume Amaury, abbé de Saint-Serge ; Guillaume, abbé de Saint-Maur; Hugues, abbé de Saint-Nicolas, et d'un nombreux clergé. Les précieuses reliques furent transportées dans une nouvelle châsse de bois. La tête, d'après la *Chronique de Saint-Serge*, de dom Fournereau, fut mise dans un reliquaire d'argent doré.

La joie des chanoines de la Vallée-Double, au récit de telles splendeurs, était mélangée de l'amer regret de leur perte. Comment organiser des fêtes aussi belles sur le lieu même où leur patron avait vécu ?

Pierre, élu évêque de Saint-Brieuc par le Chapitre de son église cathédrale en 1208, eut le bonheur

(1) Bibliothèque Nationale. — Manuscrits d'après les Mémoires de Dom Brice, arch. d'Angers. — Cette charte a été reproduite par M. Geslin de Bourgogne, *Anc. Ev. de Bret.*, I, p. 371.

de glorifier à jamais son épiscopat, en ramenant quelques-unes des précieuses reliques de l'abbaye de Saint-Serge. Il désirait ardemment leur rendre, dans son diocèse, des hommages de vénération dignes de sa piété et de la foi de son peuple. Pressé par l'espoir de réaliser son rêve, il se rendit à Angers pour demander à l'Evêque et à l'Abbé une petite portion du précieux trésor. Le respect qu'il inspira, son grand renom de science et de vertu, la légitimité de sa requête lui valurent d'être promptement exaucé.

Cependant les moines de l'abbaye ignoraient le but du voyage de l'évêque Pierre. Il importait de le leur cacher avec soin, car des protestations énergiques, peut-être même une vive résistance, auraient empêché l'Abbé d'accorder à son hôte la faveur qu'il sollicitait. Quelques Pères furent seuls initiés au secret.

Une nuit, après le chant des Matines, lorsque les moines eurent regagné leurs cellules pour y goûter un peu de repos, lorsque le silence le plus profond régna dans le monastère, les évêques d'Angers et de Saint-Brieuc, l'Abbé, quelques religieux, et un ouvrier habile pénétrèrent à la lueur des torches dans le sanctuaire. Ils ouvrirent la châsse et le reliquaire et trouvèrent le corps de saint Brieuc enveloppé dans une peau de cerf.

Dans l'ombre et le recueillement de cette nuit, le

cœur des témoins de cette scène frémit d'une religieuse émotion.

Le vénérable abbé prit un bras, deux côtes et une partie du crâne, et il donna ce trésor sacré à l'évêque Pierre.

En se penchant sur le tombeau, il lut cette inscription qui ne lui laissait aucun doute :

Hic jacet corpus sanctissimum sanctissimi confessoris Brioci Episcopi Britanniæ, quod detulit ad basilicam istam quæ tunc temporis erat capella sua, Illispodius, rex Britannorum.

(Ici repose le corps très saint du très saint confesseur Brieuc, Evêque de Bretagne, que Erispoë, roi de Bretagne, transporta dans cette basilique qui était alors sa chapelle.)

Tressaillant de joie, Pierre résolut de se mettre aussitôt en route. Cependant les ombres de la nuit s'étaient dissipées et il n'avait plus rien à craindre pour son précieux fardeau, puisqu'il avait quitté le monastère.

La désolation des moines à leur réveil était désormais impuissante.

L'évêque d'Angers et son clergé l'accompagnèrent processionnellement, au chant des hymnes et des cantiques, jusqu'aux portes de la cité.

Une nuit, au début de ce voyage, Pierre vit pendant son sommeil saint Brieuc lui apparaître au milieu d'une éblouissante clarté : « Veillez avec soin, mon Fils, lui dit-il, à préparer à mes membres une réception solennelle. » Réconforté par cette vision, le pieux Prélat envoya des messagers pour ordonner au clergé et à tout le peuple de sa ville de se tenir prêts à recevoir avec honneur les reliques de leur saint Patron, au moment où elles arriveraient au milieu d'eux. Chacun se mit avec ardeur aux préparatifs, car l'Evêque approchait. Le comte Alain de Penthièvre, brillant d'or et de pierreries, se rendit avec une multitude immense au devant du cortège, et dès qu'il aperçut les reliques, il se prosterna sur le chemin et reçut dans ses bras le glorieux fardeau, au milieu d'un enthousiasme dont nos livres liturgiques ont conservé le souvenir.

Au moment où il mit le pied sur le seuil de la Cathédrale, il sentit les ossements tressaillir et danser de joie, pour ainsi dire, dans leur reliquaire, comme si saint Brieuc avait voulu témoigner son bonheur et sa reconnaissance, en reprenant possession du lieu qu'il avait tant aimé pendant sa vie.

Maintenant le Pasteur repose en paix dans son église, au milieu de ses chères brebis, il y écoute les prières de son troupeau et y prodigue avec bonté ses bienfaits. Que Dieu, dans sa juste colère, répande avec trop d'abondance ou avec trop de parcimonie les eaux du ciel, les ossements du saint écartent de son peuple les plaies qui l'atteignent.

Protecteur de cette cité, il en est le gardien vigilant, jusqu'au jour où il conduira aux pieds du trône de Jésus-Christ dans l'éternelle gloire, les derniers de ses enfants fidèles et de ses dévots serviteurs.

Pendant plusieurs siècles, la ville d'Angers a entouré également de grands honneurs le tombeau qu'on lui avait confié. « Ce qui recommande surtout l'église de Saint-Serge, nous dit son chroniqueur, c'est le culte permanent qu'elle rend au bienheureux évêque Brieuc. Chaque année, le premier jour de mai, devant son autel, placé à gauche du chœur, le Supérieur du Monastère, revêtu d'ornements précieux, reçoit solennellement le dernier maire élu, avec les autres échevins, au milieu des accords des tambours et des instruments de musique, et leur donne à baiser l'anneau du saint. »

A Saint-Brieuc, tous les ans, les reliques de saint Brieuc ont été de temps immémorial exposées à la vénération des fidèles et promenées en procession dans les rues de la ville, le jour de la fête du saint. Elles sont renfermées dans un beau reliquaire de bronze doré, don de Mgr de Quélen, archevêque de Paris.

En restaurant sa Cathédrale, Monseigneur Fallières

a transformé et embelli l'ancienne chapelle de la Trésorerie. Il en a fermé les quatre ouvertures avec des grilles en fer forgé, et il y maintient, dans un meuble en chêne sculpté et doré, ces saints ossements à la vénération constante des fidèles.

Le 18 octobre ramène tous les ans une fête moins solennelle que celle du deuxième dimanche après Pâques, mais chère aussi à la piété du clergé et du peuple : *la translation des reliques de saint Brieuc, évêque et confesseur,* sous le rite double-majeur. Le clergé y chante aux leçons du deuxième nocturne de Matines ce récit palpitant d'intérêt.

Notre modeste travail est fini. Il reste cependant à tracer l'histoire de la foi des générations qui nous ont précédés, de leurs pèlerinages à Notre-Dame de la Fontaine et à la Cathédrale, des longs voyages dont elles ne craignaient pas d'affronter les dangers pour satisfaire leur dévotion. Un érudit patient et consciencieux, M. Trévédy, ancien Président du Tribunal de Quimper, a fait de laborieuses recherches sur la dévotion des sept saints de Bretagne. Ces pages nous ont inspiré le dernier chapitre de cette histoire qui est la glorification de la foi de nos pères et une leçon pour leurs descendants.

PÈLERINAGES A SAINT BRIEUC

NOS beaux pèlerinages à la grotte de Massabielle nous donnent à peine, malgré leur éclat, une idée de l'élan de foi qui dirigea les chrétiens, pendant tout le moyen-âge, vers les sanctuaires célèbres de notre Bretagne. Lorsque nous aurons cité le chiffre des foules qui, chaque année, se rendaient à la cathédrale et à Notre-Dame de la Fontaine pour y honorer saint Brieuc, plus d'un lecteur restera confondu de la froideur de notre dévotion contemporaine. Par des voies à peine tracées, les pèlerins s'en allaient à pied, rarement à cheval, en chantant des cantiques, en se prosternant dans toutes les chapelles qui marquaient les étapes de leur route. Là, aux bords des fontaines miraculeuses, à l'ombre des chênes ou des ifs centenaires qui couvraient le pourpris de ces pieux sanctuaires, ils prenaient leur frugale nourriture et recommençaient leur course, réconfortés à la fois par la prière et le pain quotidien. Saint Corentin à Quimper, saint Pol dans le Léon, saint Tugdual à Tréguier, saint Paterne à Vannes, saint Samson à Dol, saint Malo sur son rocher voisin de l'antique cité d'Aleth, enfin saint Brieuc dans les replis de la Vallée-Double, recevaient tour à tour leur visite et leurs offrandes. Cette forme de dévotion prit un nom : Pèlerinage aux sept saints de Bretagne. Sous ce vocable, elle a laissé son souvenir dans nos vieilles chroniques et son empreinte dans nos monuments religieux.

Ne constituait-elle pas une permanente affirmation de la nationalité bretonne solidement constituée sur le sol de la péninsule armoricaine ? Ces pèlerins accouraient pour saluer les pères de leur foi et les fondateurs de leurs villes ; ils marchaient sous la double inspiration de leur piété et de leur patriotisme. Ces sept saints leur appartenaient, ils étaient de leur race et de leur sang, à l'exception d'un seul, saint Paterne, qu'ils assimilaient aux autres ; le diocèse de Vannes était devenu breton.

L'histoire de ces pèlerinages, malgré la rareté des documents, est assez curieuse pour arrêter notre attention : mieux que le songe du moine Sieux, elle est l'apothéose de saint Brieuc. Elle est surtout une confirmation éclatante de nos traditions sur l'origine du diocèse.

« Le pèlerinage des sept saints appelé aussi et plus simplement *Tro Breiz* (tour de la Bretagne) fut entièrement populaire pendant tout le moyen-âge. Cependant les documents qui le mentionnent sont très rares et contiennent peu de détails sur ces pieuses pérégrinations (1). »

Dans l'édition des *Chroniques* d'Alain Bouchard, parue en 1514, une gravure sur bois représente treize saints bretons, avec cette particularité que le rang inférieur est réservé aux *sept saints de Bretaigne :* SS. Samson, Malo, Patern, Corentin, Pol de Léon et nos deux patrons SS. Tugdual et Brieuc. « S. Samson, évêque de Dol, est figuré tenant la croix archiépiscopale ; les autres sont tournés vers lui « le reconnaissant pour métropolitain » sauf pourtant S. Patern (2). »

Au XVIIe siècle, le P. Maunoir qui avait reçu pour mission de renouveler la foi en Basse-Bretagne, conçut pour les fondateurs des évêchés bretons une particulière dévotion.

Dom Lobineau, parlant à son tour du culte des bretons pour leurs fondateurs, dit dans la préface de son *Histoire de Bretagne :* « J'ai pu hésiter sur ces saints et n'ai osé assurer positivement si c'étaient

(1) Le Men, *Monographie de la Cathédrale de Quimper*, p. 190.
(2) Trévédy, *Pèlerinage des sept saints de Bretagne*. p. 4.

les premiers évêques des anciens sièges bretons, en y joignant celui de Vannes, mais depuis peu, un homme qui joint beaucoup de littérature à une vie très mortifiée et édifiante, a écrit une lettre où j'ai trouvé que je pouvais prononcer avec assurance que les sept saints n'étaient autres que ceux-là, et qu'on voit encore dans la cathédrale de Quimper, au côté méridional de la porte du chœur, un ancien autel dédié aux sept saints, où ces évêques sont dépeints avec leurs attributs tirés de leurs principaux miracles, et leurs noms au bas qui sont S. Corentin, S. Paul, S. Tugdual, S. Brieuc, S. Samson, S. Malo, S. Patern. »

Ces affirmations sont précieuses à retenir, au moment où nous rattachons la *dévotion de saint Brieuc*, renouvelée par Monseigneur notre Evêque, aux plus antiques traditions de notre diocèse. Ce culte cher à nos pères, le devient chaque jour davantage à leurs fils, bien qu'ils n'entreprennent plus comme eux de longs voyages à travers la Bretagne pour visiter les sept saints dans leurs sept villes épiscopales.

« Des actes authentiques nous démontrent qu'il était populaire dès le XIIIe siècle. Les actes de S. Yves, né en 1253, mort en 1303, nous apprennent que le pélerinage fait plus d'une fois par lui était alors en grande faveur. Un acte de 1248 nous montre dans la cathédrale de Quimper un tronc existant peut-être depuis longtemps, dit « tronc des pèlerins », parce qu'il recevait leurs offrandes.... Un acte de 1346 nous montre aux environs de Trédias, non loin de Dinan, une fontaine ou chapelle (1) dite des Sept-Saints (2).

Pour aller d'une ville à l'autre, les pèlerins suivaient les anciennes voies romaines, dont quelques-unes avaient gardé de longs débris du pavé antique.

« (Les routes) ne manquaient pas au moyen-âge. Si la domination romaine avait pressuré, épuisé ce pays, du moins elle l'avait doté d'un réseau vicinal tellement complet que, malgré le déplacement des populations, il a pu, pendant près de dix-huit siècles, satisfaire à la plupart des besoins ; tellement résistant que, aujourd'hui encore, il offre, sur un grand nombre de points, la partie la plus solide de notre système moderne. Le peuple opprimé et ses bardes qui en étaient l'écho, pouvaient maudire la vieille Abès, qui les forçait à « porter des pierres grandes « et petites à travers la lande » ; mais la tyrannie de

(1) Trévédy, *Pèlerinage des Sept Saints de Bretagne*, pp. 11 et 12.

(2) Lettres de Charles de Blois du 13 décembre 1346. Communication du marquis de l'Estourbeillon au Congrès de Saint-Brieuc. Juin 1896.

Dans sa brochure sur la Fontaine Notre-Dame, M. Trévédy semble avoir changé d'avis. Je n'affirme rien en ce qui concerne saint Yves. J'ai lu le fait notamment dans *A travers le Vieux Saint-Brieuc*, p. 94 ; mais deux savants ecclésiastiques me disent que les actes de saint Yves ne le mentionnent pas. Albert Legrand ne le mentionne pas non plus.

Rome a passé, et longtemps, bien longtemps, sont restés les bienfaits de ses routes.

« En parcourant nos campagnes, il n'est personne qui ne soit frappé du nombre des voies abandonnées, de leur largeur, de leur solidité, et le plus souvent de leur habile tracé.... La vicinalité gallo-romaine résista aux invasions des IXe et Xe siècles, et à l'abandon qui en fut la suite, puisque nous la retrouvons, à peine la société bretonne reconstituée, et qu'elle est fréquemment mentionnée jusque dans le XIIIe siècle... De nombreuses fondations pourvoyaient à l'entretien des gués, des ponts et des bacs disposés aux points où les grandes voies étaient coupées par les cours d'eau (1). »

« Au moyen-âge nos pères ne construisaient guère de route : ils ne surent même pas entretenir celles que les Romains leur avaient léguées; mais ils les marquèrent de l'empreinte religieuse qu'ils mirent sur tout. Les bornes milliaires furent souvent remplacées par des croix marquant nos lieues de Bretagne; et le long des routes s'élevaient des chapelles qui invitaient les voyageurs à la prière, et des fontaines monumentales, souvent entourées d'arbres, où le passant étanchait sa soif et goûtait le repos et l'ombre,

(1) *Anciens évêchés de Bretagne*, A. de Barthélemy, tome III, 1re partie, p. CLXXIX.

aux heures du jour, sous la garde du saint auquel la fontaine était consacrée. La charité de nos pères fit encore plus : c'est le long des routes qu'elle éleva les aumôneries où le voyageur nécessiteux pouvait trouver un gîte et recevoir un secours pour continuer son voyage (1). »

Quatre fois dans l'année, à Pâques, à la Pentecôte, à la Saint-Michel et à Noël, c'est-à-dire aux quatre temporaux, suivant l'expression du XIVe siècle qui vit la consécration de cet usage, les pèlerins entreprenaient leur tour de Bretagne. Ils arrivaient en grand nombre, surtout à la Saint-Michel, lorsque leurs moissons étaient finies ; ils venaient vénérer à la cathédrale les reliques de saint Brieuc, rapportées par l'évêque Pierre, de Saint-Serge d'Angers, et le tombeau de saint Guillaume, illustré par de nombreux miracles depuis l'année 1247, date de sa canonisation. De là ils se rendaient à cet oratoire de saint Brieuc, bâti au bord de la fontaine Orel, que nous vénérons encore aujourd'hui sous sa blanche parure de marbre. Quelques-uns de ces pieux voyageurs étaient en route depuis un mois ou deux, parcourant à travers un pays accidenté et mal ouvert 548 kilomètres environ. Ils voyageaient en bande, de peur

(1) Trévédy, *Pèlerinage des Sept Saints de Bretagne*, p. 13.

des malandrins qui infestaient les campagnes, sous la direction d'un prêtre ou d'un pèlerin expérimenté. Ni la fatigue, ni les dangers de ces longues expéditions ne les arrêtaient.

« Dans une seule année de la fin du XIVe siècle, trente ou trente-cinq mille pèlerins visitèrent l'église de Saint-Patern à Vannes, et la plupart probablement les six autres églises ; et ces chiffres, nous le verrons plus loin, ne semblent pas exagérés. Trente-cinq mille, c'est le trentième de la population de la Bretagne. Or, remarquez-le, le pèlerinage des Sept-Saints n'est vraiment populaire que dans les sept évêchés dont ces saints furent les apôtres ou les fondateurs ; les fidèles de Nantes et de Rennes y sont étrangers. Or, ces deux diocèses contiennent à peu près le tiers de la Bretagne et de sa population. C'est donc le vingtième du peuple des sept évêchés qui, dans cette année du XIVe siècle, fait le voyage pieux autour de la Bretagne (1). »

Lorsque la mort approchait de ces pèlerins fidèles, elle ne les détournait pas de la pensée des sept saints.

Dans son testament, Nicolas Coëtaulem, décédé le 11 avril 1518, fit un legs à plusieurs églises de Bre-

(1) Trévédy, p. 25.

tagne : « Aux sept saints de Bretagne, savoir : à M. saint Pierre de Nantes, à M. saint Pol, à M. saint Tugdual, à M. saint Guillaume de Saint-Brieuc, à M. saint Samson, à M. saint Brieuc, à M. saint Malo, à chacun d'eux un écu porté, et faire le tour, ainsi que l'on est accoutumé, par ledit testateur ou par quelque autre au nom du dit testateur et à ses dépens (1). »

Coëtaulem, on le voit, avait ses dévotions particulières.

Malgré les guerres, les pèlerinages continuèrent donc pendant tout le XIVe siècle et même durant le XVe, malgré la suppression des deux temporaux; mais ils disparurent au milieu des guerres civiles du XVIe.

« Les guerres du XIVe siècle n'avaient pas, nous l'avons vu, interrompu le pieux voyage, parce que les Anglais entrés en Bretagne étaient catholiques comme les Bretons. Mais, pendant les guerres de la Ligue, il en allait tout autrement. Les Anglais venus au secours de l'armée royale, les lansquenets allemands, les soldats gascons enrôlés dans l'armée, étaient anglicans, luthériens, calvinistes. Supposez ces hommes, dont l'indiscipline a fait une troupe de

(1) *Bulletin de la Société archéologique du Finistère*, XIII (1886), pp. 282-283.

brigands, rencontrant des pèlerins en route !... La prudence commandait aux pèlerins de ne pas tenter le voyage (1). »

Même avant ces guerres terribles de la Ligue qui ruinèrent pour longtemps la Bretagne, le pèlerinage de Notre-Dame de la Fontaine n'était pas toujours sans dangers.

Clisson se plaignait au Roi de France que le Duc retînt dans ses prisons au pain et à l'eau « aulcuns habitans qui allaient en pèlerinage à Notre-Dame de la Fontaine. »

Bientôt, c'est Clisson lui-même qu'on soupçonne de mauvais desseins sur la personne de la duchesse de Bretagne, femme de Jean IV, qui se rendait à « la dévotion de saint Brieuc. »

Ces simples faits ne proclament-ils pas plus haut que les plus éloquents discours le grand renom d'un sanctuaire où la Sainte Vierge et son fidèle serviteur multipliaient les faveurs. Grands et petits, pauvres et riches, tous les bons et fervents chrétiens accouraient du château ou de la chaumière, des villes ou des campagnes, et du palais ducal lui-même.

Après avoir visité l'antique cathédrale dont saint Guillaume entreprit la reconstruction en 1230, ils

(1) Trévédy, p. 31.

se rendaient donc à Notre-Dame de la Fontaine en remontant les vieilles rues Fardel. Ils descendaient alors le long d'un sentier aujourd'hui transformé en chemin, vers deux fontaines, dont l'une gardait, avec le nom de saint Brieuc, la vertu de guérir les *ardents*. Depuis quelques années, elles ont disparu. Dissimulées sous terre, elles alimentent un lavoir couvert.

« Grâce au voisinage de l'oratoire, et plus heureuse que la *fontaine de saint Brieuc*, la *fontaine de Notre-Dame* subsiste ; elle a même pris sa part des honneurs rendus à l'oratoire. L'oratoire a été recouvert d'une chapelle ; la fontaine a été couronnée de l'édicule dont je parlerai plus loin ; comme l'oratoire et la chapelle, la fontaine a reçu la visite de nombreux pélerins, et comme eux, elle a son histoire (1). »

Autrefois, un placis planté d'ormeaux y ajoutait un charme qu'elle a perdu aujourd'hui, et son cadre de feuillage manque à ce bijou de granit usé par le temps. C'est avec tristesse que nous relisons la des-

(1) Trévédy, *La Fontaine de saint Brieuc*. R. Prud'homme, éditeur, p. 11. Cet édicule est en très mauvais état ; il devrait être entouré par une grille. Quant à la Fontaine, elle pourrait rester à ciel ouvert après la pose de cette grille, puisqu'elle serait ainsi protégée. Ce travail de protection appartient à la ville, qui s'est réservé la propriété de la fontaine dans l'acte par lequel elle céda, le 31 juillet 1838, à Mlle Bagot, les ruines de la chapelle.

cription de ces sarments de pierre, de ces grappes de granit « si légères, si vraies, qu'on les dirait prêtes à s'agiter au premier souffle du vent (1). »

Les mains d'enfants sans pitié, les pierres lancées dans des luttes d'écolier ont achevé l'œuvre des âges

LA FONTAINE DE NOTRE-DAME

et nous ont enlevé en partie l'occasion d'admirer « l'élégance des clochetons, des dais, des culs-de-lampe, la finesse des renards tapis le long des murs, la souplesse et la grâce des tiges de vigne qui, s'élançant de la bouche des grenouilles aux abords de la

(1) Geslin de Bourgogne, *Anc. Evêchés de Bret.*, I, p. 286.

fontaine, grimpent et s'enroulent autour de l'archivolte. »

C'est au XVe siècle que toute cette architecture, toutes ces sculptures remplacèrent la chapelle du moyen-âge.

Les grands pèlerinages touchaient à leur terme ; mais ils étaient encore assez aimés des grands et du peuple pour attirer les générosités de donateurs intelligents, comme Marguerite de Clisson et peut-être le Connétable lui-même.

La chapelle, très modeste sans doute, qui marquait, avec la Fontaine des Ardents, le lieu du premier arrêt de saint Brieuc et de ses moines, eut aussi, mais au XVIe siècle, sa part de générosités. N'est-ce pas à ce sanctuaire disparu depuis longtemps que Jean de Plédran, doyen et chanoine de la cathédrale, fit donation quand, par acte du 11 mars 1536, il chargea ses frères Pierre de Plédran, doyen de Nantes, son aîné, et Pierre de Plédran, sieur de Lemellec, son cadet, de parachever « le pignon de la chapelle de saint Brieuc, près Notre-Dame de la Fontaine, qui est commencé. »

Que reste-t-il de l'antique chapelle Notre-Dame, construite par les artistes bretons du XVe siècle ? La base du chevet en bel appareil, deux crédences taillées dans le granit. Ces débris d'une remarquable œuvre architecturale nous permettent de reconstituer l'ensemble du monument dans notre imagination. Voyons-le se dresser en pierres de taille aux flancs de la colline d'où s'échappent les eaux de la Fontaine-Orel. Les piqueurs de pierre ont ciselé les pierres de ses frontons et les meneaux de ses fenêtres.

Nous sommes à la belle époque de l'art breton. Rien n'a été épargné, car si l'édifice est petit, si ses proportions sont restreintes, il n'en a été que plus facile d'accomplir une œuvre de bon goût avec des matériaux de choix. C'est une dentelle de granit comme au Folgoët.

Les ducs de Bretagne viendront tour à tour se prosterner dans l'humble crypte et aux pieds de Notre-Dame. Déjà, en 1419, Jean V qui n'oublia jamais la dévotion que lui avaient transmise ses pères, y avait prié ; puis « nous trouvons notamment, à la date du 15 août 1434, parmi les veuz et offerendes que le duc avait faiz pour la venue de Mgr Gilles, à Notre-Dame de la Fontaine, XXX livres, XIII sols, IV deniers (1). »

Passons sur ses autres dons et sur les générosités de Pierre II et de François II, pour saluer la *duchesse Anne*. Elle clôt la glorieuse série des pèlerins ducaux.

(1) Cité par le Vicomte de la Villerabel, *A travers le vieux Saint-Brieuc*, p. 94.

Tant de gloires, où le nom de saint Brieuc se trouve mêlé à celui de la Sainte Vierge, dont il avait fait la reine de ce poétique vallon, nous transportent loin des tristes années où la main barbare des soldats de la Révolution s'abaissa sur le bijou légué par Margot de Clisson. Avec ces pierres finement fouillées, avec ce granit aux assises régulières, ils dressèrent une barricade qui ne préserva pas la ville de la vigoureuse attaque des chouans.

Cette démolition ne fit que consacrer, par un acte extérieur, l'oubli dans lequel était tombée la « dévotion de saint Brieuc ». Seule la Sainte Vierge était encore un peu priée en ce lieu.

Ce coup d'œil rapide que nous avons jeté sur la foi des siècles passés, sans nous attarder à la discussion des textes savamment menée par M. Geslin de Bourgogne, il y a quarante ans, et plus récemment par M. Trévédy, nous a montré la confiance de nos pères aux âges de foi, leur négligence aux âges de décadence religieuse.

En quelle catégorie rangerons-nous l'époque où nous vivons ? Y assistons-nous au réveil de la dévotion de saint Brieuc ? Les magnifiques processions, les pèlerinages de nos communautés religieuses, les visites des fidèles, les ex-votos, les témoignages de reconnaissance donnés à notre patron nous indiquent-ils un retour de la confiance et de la piété populaires ? Ces manifestations consolantes nous permettent-elles une espérance ? L'avenir, en nous montrant leur progrès ou leur diminution, nous apprendra l'ingratitude ou la reconnaissance de la Bretagne contemporaine.

Pendant que le ciel célèbre la gloire de saint Brieuc, le silence de ses enfants serait criminel : l'hymne des secondes vêpres nous rappelle nos devoirs, chaque année. Il a chassé les épidémies, converti les impies, guéri les esprits et les corps malades. Ce sol que nous foulons aux pieds, il l'a parcouru, il y a brûlé l'encens en l'honneur du Très-Haut, il y a lancé ses prières jusqu'aux nues, il y a immolé la divine victime du Nouveau Testament.

Trop de liens nous rattachent à lui, pour qu'à la suite de nos Evêques et de nos ducs, nous n'aimions pas à chercher la grâce aux sources mêmes de notre foi.

En écrivant ces pages, nous n'avons pas eu d'autre vue que de seconder l'Evêque qui, en restaurant l'Oratoire de saint Brieuc, a renouvelé son culte et glorifié son nom par des manifestations éclatantes ; il a relevé des ruines, nous avons recueilli des souvenirs.

Qu'aux pieds de la statue et dans la pénombre

discrète et mystérieuse de cette crypte, les pèlerins redisent souvent et longtemps cette prière de notre Propre diocésain, enrichie par Sa Grandeur de 40 jours d'indulgence.

PRIÈRE A SAINT BRIEUC

O Dieu, qui avez bien voulu que la prédication, confirmée par les miracles de saint Brieuc, votre Pontife, apprît aux prémisses de notre Bretagne la règle de la vie chrétienne et des bonnes mœurs; faites, nous vous en supplions, que célébrant la mémoire d'une si grande grâce, nous gardions fidèlement la foi qu'il professa et pratiquions les vertus dont il donna tant d'exemples. Par Jésus-Christ, notre Seigneur.

TABLE DES MATIÈRES

TABLE DES GRAVURES

ACHEVÉ D'IMPRIMER

A SAINT-BRIEUC

PAR

RENÉ PRUD'HOMME

LE 1er JOUR D'OCTOBRE

M. DCCC. XCVII.

www.ingramcontent.com/pod-product-compliance
Ingram Content Group UK Ltd.
Pitfield, Milton Keynes, MK11 3LW, UK
UKHW021132260726
13994UKWH00001B/108